华章经管

HZBOOKS | Economics Finance Business & Management

链家
运营管理工作法

原力场 ◎著

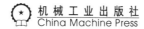
机械工业出版社
China Machine Press

图书在版编目（CIP）数据

链家运营管理工作法/原力场著. -- 北京：机械工业出版社，2022.1
ISBN 978-7-111-69546-2

I. ①链… II. ①原… III. ①房地产企业 – 企业管理 – 中国 IV. ① F299.233.4

中国版本图书馆 CIP 数据核字（2021）第 222061 号

链家运营管理工作法

出版发行：机械工业出版社（北京市西城区百万庄大街 22 号　邮政编码：100037）	
责任编辑：华　蕾　王　芹	责任校对：殷　虹
印　　刷：三河市宏图印务有限公司	版　　次：2022 年 1 月第 1 版第 1 次印刷
开　　本：170mm×230mm　1/16	印　　张：13.5
书　　号：ISBN 978-7-111-69546-2	定　　价：69.00 元

客服电话：（010）88361066　88379833　68326294　　　投稿热线：（010）88379007
华章网站：www.hzbook.com　　　　　　　　　　　　　　读者信箱：hzjg@hzbook.com

版权所有·侵权必究
封底无防伪标均为盗版
本书法律顾问：北京大成律师事务所　韩光 / 邹晓东

序言

这本书的前身,是 2014 年北京链家推出的一套名为"能力充电宝"的系列学习手册。它融会了当时众多链家业务精英(今天,这些精英大多散布在贝壳或链家全国各地的公司)的集体智慧,其中既有行业大咖的多年心得体会和实战经验总结,也有诸多房地产经纪人在这一行摸爬滚打的心路历程。在过去的几年间,这套学习手册一直被看作链家业务精华打法的合集,有行业老兵评价其为"链家黄金时代的高光作品"。

其实,不只是这套学习手册,早在七年前,北京链家的培训团队就已经着手将一线业务人员积累的市场经验和相关方法论打造成一系列产品。他们先是找到链家团队中最优秀的人,看他们是怎么拓展业务的,然后通过多次访谈,萃取出那些最精华的东西,并将核心内容提炼成方法论。最后,再回归到具体的业务场景中,对这些方法论进行进一步完善。行程量管理、三方斡旋等,都是那个阶段的精华产物。这些市场化的产品配合着各类线下课程，在链家内部推广开来，这套方法论也由此成为链家乃至整个行业里通用的工作方法。

好的东西能够战胜市场和穿越周期

什么原因使我们重新启动公开出版这套书籍？

一方面，我们看到随着行业的不断发展，很多房地产经纪公司仍有迫切的成长需求，但是它们却没有掌握系统的运营管理方法，对一些核心的业务打法也不甚了解。

另一方面，我们发现今天仍有很多行业伙伴高价求取当年的那套学习手册，这不仅说明我们从链家经验中总结出的理论知识和实战方法论不受市场环境和政策趋势影响，也说明这套打法是真正有价值和实际效力的。

同时，2021年恰好是链家成立20周年，我们认为，作为行业领先的知识赋能机构，原力场一直秉承着"知识创造价值"的理念，有义务将过去沉淀下来的那些优质的知识内容通过不断迭代传承下去。降低行业的认知方差，帮助更多的房地产经纪公司实现成长，是我们的责任，更是我们的使命。

事无不可对人言

一个组织要想实现从无到有，需要团队中每

一个人的激情与信念，但公司的稳定发展需要的是科学的管理方法，唯有如此，才能实现持续不断的、品质化的成长。如同市场中的其他公司一样，链家的发展也经历了积跬步至千里、积小流成江海的过程。其他房地产经纪公司遇到的问题与困境，链家也曾经历过，并且已经总结出了行之有效的解决方案。

100多年前，科学管理之父泰勒在工厂流水线上领悟出工人分工合作产生巨大价值的真谛。反观我们所在的中国房地产经纪行业，链家运营管理的核心其实也是充分发挥分工合作的作用。我们做数据化管理、做目标管理，我们以终为始，通过PDCA进行检核、修正等，都是为了对企业进行科学化管理。

我们还深刻意识到，激情、热血、信任以及信念固然重要，但它们不足以让一个企业变大变强。链家过去20年的实践经验表明，支撑链家不断战胜市场和穿越周期的，正是那些与科学化管理相关的举措。本书呈现的是众多行业伙伴尤其是北京链家的众多业务精英的集体智慧，是随着时间逐渐沉淀下来的真知灼见。正所谓"事无不可对人言"，我们希望通过全国发行的方式，将本书中汇聚的房地产经纪行业的优秀管理技巧和业务打法分享给所有人。

前路漫漫，行则将至

房地产经纪行业的业务运营管理是一个非常庞大的知识体系，我们需要很长的一段时间去逐步完成丰富、全面、体系化的内容输出，尽管前路漫漫，但我们不会停止对行业本质和业务价值的探索，并且还会不断地为大家带来新的知识分享。本书主要抓取并迭代了2014年"能力充电宝"的核心内容，展示了我们在对一些关键业务管理场景洞察和思考后发掘的一套系统化的管理技巧和业务打法，对行业从业人员有非常高的参考价值。

本书为房地产经纪公司打造整体性的解决方案提供了一个参考性的模板。它有过去，有现在，也一定会有未来——我们跟随时代、市场和政策的发展快速迭代，本书中既有链家发展20年穿越行业周期的底层逻辑，也有关于数字化时代房地产经纪公司发展的最新见解。我们真切地希望，这些科学化管理的方法、技能和手段，能够真正帮助从业人员和行业跨越发展难关，进入一个健康、良性的循环。

原力场负责人　孔玲

目录

序言

第一章 慢就是快的行程量管理 / 1

为什么要做行程量管理 / 3
  锚定过程化指标，抓住管理重点 / 4
  厘清管理思路，化解管理冲突 / 6
  引导经纪人聚焦工作重点 / 8

房源聚焦，你管对了吗 / 11
  做好房源述职，加速房源去化 / 12
  线上线下两手抓，识别优质房源 / 14
  不怕丢盘，但要知道原因 / 18

客从何处来 / 20
  善用 IM，助力商机转化 / 20
  拆解客源，抓住好客 / 26

如何完成一次高质量的带看 / 30
  线下带看的价值在于体现差异化 / 31

线上带看"黑科技" / 38

跨区域带看与陪看 / 42

细节那么多，到底应该怎么管 / 47

洞察数据代表的含义 / 48

"切场景"而非"排时间" / 49

看结果，更要看过程 / 51

第二章 无处不在的斡旋 / 55

经纪人是斡旋的中间节点 / 57

三方斡旋是一个漫长的过程 / 58

斡旋是三观、心灵的碰撞 / 61

斡旋应当是"方法技巧 + 情感联结" / 65

公司是斡旋强有力的支撑 / 70

业主与客户是斡旋的起点，也是终点 / 75

与业主、客户斡旋的四部曲 / 75

斡旋的四大误区 / 85

进入会议室是新一轮斡旋的开始 / 89

第三章 打造金牌团队 / 101

团队大于个体的总和 / 103

三位一体建立你的团队认知 / 104

成熟员工的六大能力模型 / 109

手把手教你搭建金牌团队 / 113

你的管理认知清晰吗 / 130

调整心态，做好"领头羊" / 131

有的放矢，分阶段培养　／139

　　真实场景中的三大管理阶段　／143

第四章　小述职，大管理　／147

述职真的有必要吗　／149

　　问责　／150

　　聚焦　／155

　　识人用人　／158

　　洞察与成长　／164

述职应该述什么　／167

　　财务结果　／168

　　客户服务　／172

　　业务效率　／174

　　组织建设　／176

　　目标管理　／182

如何做好运营述职　／185

　　述职联动关系　／187

　　述职注意事项　／194

后记　管理者的修炼　／199

第一章

慢就是快的行程量管理

链家的一位高级管理者曾提出这样一个观点：自信的团队不会管理结果，只会注重过程，结果只是检验过程的参照标准之一。这也是行程量管理的核心理念"重过程，轻结果"的思想来源。

从管理层面来说，"重过程，轻结果"不是简单粗暴地要求门店所有经纪人都达到目标行程量，而是以终为始，要求管理者首先明晰门店要达成的理想状态，然后再根据经纪人反馈的结果向前推导，找出影响结果的关键过程，并对关键过程进行拆解和重点管理。

具体到业务层面，行程量管理的内容主要包括房源、客源以及带看的数量和质量。如何精准聚焦房源？如何利用IM（Instant Messaging，即时通信）获取客源？使用哪些理论、工具和方法可以完成一次高质量的带看？这些问题是本章探讨的重点。

自信的团队不会管理结果，只会注重过程，结果只是检验过程的参照标准之一。

为什么要做行程量管理

房地产经纪行业是一个"慢"行业，一个独立作业的房地产经纪人需要花至少半年到一年时间来培养，一个运作成熟的房地产经纪门店也需要以长时间的科学化管理为基础。同样，一个科学合理的行程量指标，也需要一段时间的积累和演化才能出现。因此，"慢就是快"是行程量管理需要遵循的重要原则之一。

做好行程量管理，对房地产经纪公司的科学化管理具有非常重要的作用。第一，通过锚定过程性指标，可以帮助管理者抓住管理重点；第二，有利于厘清管理思路，让管理者能够以清晰明了的目标促使经纪人更加主动和高效地工作；第三，能够解决经纪人无效工作、无法聚焦关键任务等问题，让经纪人养成良好的业务逻辑习惯，进而从门店的层面提升整体市场竞争能力。

锚定过程化指标，抓住管理重点

什么是行程量管理？所谓行程量，就是经纪人在实际工作中的作业活动，包括发现商机、匹配房源、带看、签约等。而行程量管理是对经纪人可衡量、有交付、可检核的工作行程中与成交结果相关的过程性指标进行重点管理，以提升业绩的一种管理方法。

之所以要做行程量管理，是因为经纪人的作业动作特别多，管理者不可能逐一盯看，必须找到一种科学的方法和合理的逻辑去重点管理那些与结果相关的过程性指标。

怎样才能找到这些指标并对其进行科学的管理呢？这时候就需要业务成交漏斗（见图1-1）的帮助了。

所谓业务成交漏斗，是指从商机到最终签约成交的一整套业务逻辑。业务成交漏斗清晰地展示了经纪人作业的每一个过程，系统地揭示了经纪业务的工作原理。从图中我们可以看出，要想提升业绩，必须做好三个方面的工作：第一，从漏斗的开口入手，扩大商机量；第二，注重漏斗的收口，也就是提升签约率；第三，增大漏斗的斜率，也就是提升从获得商机到签约之前的层层转化率。

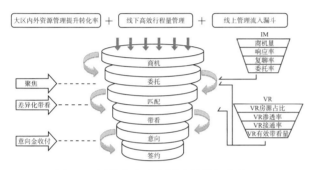

图 1-1　围绕业务成交漏斗的精细化管理

要想提升这三个方面的效率，必须把管理的重点放在房源、客源、带看等几个关键作业流程和动作上。只要抓住这些管理重点，就可以在很大程度上帮助经纪人提升业绩。即使最终的结果不太理想，只要管理的方法和方向没有出现偏差，也足以使管理者从中总结出经验，不断优化达成路径。

行程量管理是通过叠加来发挥作用的。房地产经纪行业没有"一招鲜"，但有捷径，这个捷径就是叠加——通过行程量管理提高业务过程中的每一个单项指标，从而实现整个业务结果的系统提升。比如,做好房源聚焦,提高了10%的房源信息准确率;管理好带看,提高了10%的成功率;管理好IM,提高了10%的转委托率……通过这些"10%"的不断叠加,最终就能不断提升成交率。

厘清管理思路,化解管理冲突

房地产经纪行业内的角色分工众多,各个业务流程中也存在着复杂的处理环节,因此管理指标冗杂。由于认知的不同以及信息获取的不对称性,处在不同位置、不同职位的人员在合作过程中时常会出现沟通不畅的情况,有时甚至会使沟通变成误解、隔阂甚至纷争,"管理冲突"由此产生。

在现实工作中,很多管理者经常抱怨经纪人团队意识差,而经纪人也时不时地抱怨上司天天只会讲大道理,双方都有很多怨言,结果经常闹得不欢而散。其实,站在经纪人的立场上看待这个问题,他们的抱怨并非空穴来风。

举个例子,一家房地产经纪公司的某个事业部某个月的业绩增长了1000万元,从事业部负责人的角度来看,这确实是一个不错的成绩。

但是，这个事业部有200名商圈经理，将这个成绩平摊下去，每个商圈经理的业绩只提升了5万元。每个商圈经理又分管10名经纪人，再平摊下去，每个经纪人的业绩只不过提升了5000元。

从组织层面的1000万元到经纪人个体的5000元，原本可观的数据就这样随着组织层级的递减逐渐被稀释。所以，站在经纪人的角度，他们很难感知到团队整体千万元的业绩增长与自身的5000元业绩增长有什么内在关联。由此我们可以反向思考：尽管管理者此前确实是围绕"每人提升5000元业绩"的工作指标和工作要求展开管理动作的，但是如果没有向经纪人讲明白个体业绩与团队业绩之间的密切关联，那么经纪人不重视工作或者不配合工作的态度和行为也就不难理解了。

对整个团队来说，业绩是由每一名经纪人的"小业绩"积累而来的。但是，由于从经纪人到高层领导的反射弧过长，双方对业绩的感受不同，所以管理者很难让经纪人相信，正是因为他们听从了领导的意见或决策才有了业绩的增长。

行程量管理却可以很轻松地解决这个问题。因为行程量管理的重要作用之一，就是通过流

> 对整个团队来说，业绩是由每一名经纪人的"小业绩"积累而来的。

程拆分，使管理者与经纪人就每一个具体的指标达成统一认知，进而让经纪人自愿接受管理并高效执行。因此，做好行程量管理，很多管理冲突就自然而然地被化解于无形了。

引导经纪人聚焦工作重点

房地产经纪行业中经常出现这样一种现象：经纪人每天用心而忙碌地工作着，但是业绩却并不理想。原因在于，"忙"只是一种表象，实际上有效行程非常少。这种现象折射出了管理上的缺陷——"经纪人很忙，但大多忙不到点上"。这个缺陷一直被很多管理者所忽视。而行程量管理恰好可以对症下药——通过管理手段，引导经纪人将工作重点聚焦在能够创造业绩的有效行为中，从而掌握业务重点，实现业绩突破。

从工作质量的角度来看，经纪人的行程量可以分为有效行程量和无效行程量两种。其中，有效行程量是指能够直接为门店创造业绩的动作，包括委托、录入、实勘、带看、签约等；无效行程量则是指一些有价值的、能够间接创造业绩的行程量，包括空看、面访、陪看、参加培训或给他人培训等。在划分出有效行程量和无效行程量后,管理者可以对经纪人的每个动作进行具体量化赋值,比如,有效行程量为 1～1.5 分,无效行程量为 0.5 分,每人每天完成 1.5 分方为合格。

对于不能达成"合格"目标的经纪人,必须对其进行负激励。负激励的原则有两条:第一,不能违反公司价值观,比如不能体罚或者罚钱;第二,要对经纪人有积极正向的促进作用。比如,可以让他们抄写行业知识点、IM 复聊技巧等,以巩固业务知识;还可以抄写聚焦的房源,进一步加深对房源的印象。这些都是有效的负激励措施。

在落实负激励的时候,管理者需要让经纪人明白,处罚不是最终的目的,而是为了使行程量管理的规则更好地落地,从而在帮助他们提升业绩的同时,让他们获得持续成长。

另外需要注意的是,管理者在拆分、设定行程量管理指标时,应当确保指标能够起到引导作用,而不要仅凭直觉来设定。

举个例子,电话量既不属于有效行程量,也不属于无效行程量。按照通常的业务逻辑,房源是经纪人的业务起点,而打电话是获取房源的重要手段之一,那为什么不考核电话量呢?最主要的原因在于,行程量管理的目的是

负激励的原则有两条:第一,不能违反公司价值观;第二,要对经纪人有积极正向的促进作用。

引导经纪人的行为，让其主动、高效地工作，而非以"量"逼迫他们工作，或将其当作奖惩的依据。因此，在有效行程量中，具有引导作用的房源录入成了考核指标。为了获得更多的房源录入，经纪人自然会自动地执行打电话或者其他业务动作。

对经纪人来说，主动工作和被动工作有着巨大的差异。首先，动机不同，主动工作的经纪人会自发自愿地去完成行程量指标；其次，效果不同，主动工作的经纪人会想办法克服或解决工作中遇到的问题和困难；最后，心态也不同，主动工作的经纪人是在为自己做事，而不是为了完成上级交代的任务，所以动力更强，成果也更显著。这些差异必然会影响最后的工作结果。

当管理者通过行程量管理让经纪人慢慢养成聚焦工作重点的习惯之后，他们的能力就会得到不断的累积和提升，业务成交漏斗中各个过程的转化率也会自然而然地得到提升。当整个团队的能力得到了提升，业绩增长就会水到渠成，而管理者只需要对过程做最后的"检核"即可。

房源聚焦，你管对了吗

经纪人的业务可以拆分为房源、客源、带看、签约四个部分，其中，房源是基础，优质的房源是形成带看并最终签约的前提。房源等同于商品，好的商品才能吸引到客户。因此，在行程量管理中，围绕房源进行管理动作和业务指标的拆解是至关重要的。而在这一部分工作中，房源聚焦又是重中之重。

房源聚焦，可以简单理解为找到优质房源，然后集中力量对这些优质房源进行推广，以达到快速成交的目的。如果房源聚焦不准，后面做任何事情都可能是浪费资源。

> 房源等同于商品，好的商品才能吸引到客户。

做好房源述职,加速房源去化

做好房源聚焦,有一个前提:经纪人要对每套房子有一个清晰的认知,这样才能准确地找到适合不同客户的优质房源。因此,在进行房源聚焦之前有一个非常重要的管理动作——房源述职,其目的是通过对房源的详细盘点和梳理,实现房源分级和资源的最优配置。

房源述职需要管理者与经纪人一起来做,可以每周进行一次。经纪人需要详细描述手中掌握的房源信息,包括房子的基本情况,比如户型、业主售房原因、客户反馈情况等。具体来说,可以从以下三方面入手。

第一,从客源角度。要深入了解房子的带看频率以及客户的反馈情况。比如上一周有几个客户看了这套房子?为什么没有成交?客户对房子有哪些不满意之处,是价格、楼层,还是朝向、装修?

第二,从业主角度。要了解业主售房原因、看房时间、价格让步空间、是否急用钱等情况。此外,还需要重点关注业主需求点的变动,比如业主对首付的要求是否有变动、价格是否要上调或下调等。

第三,从同行角度。要了解该房源在同行

房源述职,其目的是通过对房源的详细盘点和梳理,实现房源分级和资源的最优配置。

公司有过几次带看,在陪看时也要关注一下同行是否也在带看该房源,以及房子在同行网站上的报价是否有变动等。

房源述职中涉及的一些数据和指标,可以通过数据后台获得。然后,将所有数据根据线下房源维护 SOP（Standard Operating Procedure,标准作业程序）(见表 1-1) 来进行整理分析。

表 1-1 房源维护 SOP 表

门店/物业地址	居室/面积/报价	带看反馈/成交反馈	差异化反馈/激励反馈	述职问题

在房源述职过程中,经纪人可以和管理者一起探讨怎样才能产生更多的带看,如何介绍才能让客户对房子产生更大的兴趣,以及什么样的价位最容易被客户所接受等问题,进而明确自己接下来的工作步骤。

房源述职是房源聚焦的前提,也是促成最后成交的重要基础。坚持做房源述职,可以让经纪人对自己维护的房源越来越熟悉,从而实现房源信息与客户需求的高效匹配,让优质房源可以尽快成交。因此,管理者一定要督促经纪人按时完成述职工作,如果发现经纪人有做得不到位的地方,要及时予以指导和帮助。

> 房源述职是房源聚焦的前提,也是促成最后成交的重要基础。

线上线下两手抓，识别优质房源

完成房源述职工作后，接下来要做的是从中挖掘出优质房源，并集中资源对其进行推广宣传，也就是进行房源聚焦，以达到快速成交的目的。

房源聚焦的核心在于，经纪人是否具备识别优质房源的能力。如果经纪人找不到优质房源，聚焦不准，那么后续的获客、带看等环节都将受到影响。即使能够开单，也多半是运气使然。

将房源聚焦前与聚焦后进行对比：在房源和客户都相同的情况下，未进行房源聚焦时，经纪人进行了9次带看，带看6套房，平均1.5次/套，结果成交0套。而进行房源聚焦后，经纪人从6套房源中选出了2套优质房源，将资源重点倾斜在这两套房源上，针对这两套房源进行了6次带看，平均3次/套，最终成交2套。由此可见，聚焦可以有效地提升成交效率。

那么，应该如何选择优质房源进行聚焦呢？具体来说，可以从线上、线下两个方面进行。

1. 依托线上数据，准确聚焦优质房源

随着数字科技的蓬勃发展，移动互联网、

> 房源聚焦的核心在于，经纪人是否具备识别优质房源的能力。

大数据等先进技术开始被应用到各个领域，房地产经纪行业也不例外，许多企业开始注重线上管理，打造线上运营体系。对于经纪人来说，线上工具的最大价值在于可以通过数据化管理实现作业赋能，有效提升房源管理的效率。因此，在聚焦方式的选择上，经纪人不能仅将目光局限于线下，也要注重线上工具的应用，从而实现聚焦效率翻倍提升。

比如，某门店在寻找优质房源时，首先借助线上工具，快速锁定需要进行重点分析的"必看优质房源"。接下来深入挖掘这些房子的信息，具体分析其是否值得聚焦，或者是否应该聚焦到此类房源上。房源筛选的效率因此得到了大幅提升。

值得注意的是，在现实工作中，很多经纪人都执着于寻找能够概括优质房源的标准，比如总价最低、单价最低、楼王户型、精装修等，却忽略了非常重要的一点，那就是这些所谓的卖点是否符合客户的真实需求。一套房子是否为优质房源是由市场决定的，而不同的市场造就了客户的不同需求，所以判断一名经纪人是否具有聚焦房源的能力，应该是看其是否具备分析当下市场的能力，即能否通过对房源和当

> 判断一名经纪人是否具有聚焦房源的能力，应该是看其是否具备分析当下市场的能力。

下市场的深入了解，快速且准确地判断出哪一套房子能更快成交。

虽然对优质房源的判断要综合考虑市场和客户的需求，但也并非没有一定的标准，因为通过房源聚焦不难发现，真正的优质房源通常存在一些共性，比如性价比高、业主卖房意向高、客源热度高等。结合这些特征，经纪人利用线上数据就可以做出较为准确的判断。以贝壳找房为例，数据后台会对房源进行综合性打分，分数高的房源在购房者浏览页面会显示为"必看优质房源"。这些优质房源就是经纪人进行线上房源聚焦时需要重点对比、分析的房源。

2. 线下寻找优质房源的"漏网之鱼"

尽管依托线上数据，经纪人可以更好地聚焦优质房源，但由于市场上的实际情况瞬息万变，线上数据也可能存在一些误差，不能保证100%准确。因此，如果经纪人过分执着于线上聚焦，很可能导致资源的遗漏。而且，有些房子虽然被判断为"必看优质房源"，但也有可能因为看房不方便或者业主临时有变化而不能及时签约。这些情况需要经纪人在进行线下房源聚焦时予以说明。

以链家为例，线下房源聚焦通常以大区为

单位，聚焦过程中，每个门店都应该将自己手中比较优质的房源信息拿出来，从而使经纪人将目光锁定于整个大区的优质房源，而不是仅仅局限于自己所在门店的少量房源之上。

比如，某门店在每周房源述职结束后，会给一些看起来比较优质的房源信息标上颜色，以方便大区聚焦时大家一起进行线下互通。在聚焦结束后，该门店会将当周自己的聚焦房源以表格形式展示出来，并同步到其他门店和商圈。同时，还会对通过聚焦筛选出来的一些房源进行业主面访，进一步沟通业主需求，确定签约条件。

在接下来的一周中，门店会每天持续更新当日聚焦房源的成交情况，并将成交的聚焦房源和成交但没有聚焦的房源分别记录下来。

此外，是否为优质房源还要从"静态信息"和"动态信息"两个维度予以充分考虑。静态信息是指始终客观存在、不受外界变化影响的房源基本信息，而动态信息则是指业主端因诸多主观原因可能会随时变化的信息。有时候，优质房源可能会因为业主的动态信息变化变得不优质，同样地，本身看起来不优质的房源也有可能变得优质。因此，为了提高聚焦房源的准确率，管理者要提醒和督促经纪人提高与业主的交互频率，随时掌握业主动态。

房源聚焦的频率也是很多管理者和经纪人关注的问题，其实，各个门店可以根据自身需求来确定，一般来说可以每周进行一次，在房源述职后进行。比如某门店规定每周二进行房源述职，对所有房源进行重新盘点，每周四集中讨论具体要聚焦哪些房子。

线下聚焦能力不是一朝一夕就能形成的，需要经过反复的训练。但是这种能力一旦被经纪人所掌握，它所铸就的壁垒就会很坚实。

不怕丢盘，但要知道原因

聚焦房源的最终目的是快速成交，因为优质房源在市场上是非常受欢迎的，很容易被同行捷足先登，造成丢盘。然而，再厉害的经纪人或门店也不能保证房源成交率达到100%，所以偶尔丢盘是一件很正常的事情。但或许正是因为这样，很多管理者和经纪人都忽视了"丢盘报备"这一重要的房源管理手段。其实，正确的做法应当是，一旦发生丢盘，经纪人一定要第一时间报备丢盘的房源信息和丢盘的原因，这样可以让团队其他成员快速了解相关信息，

> 一旦发生丢盘，经纪人一定要第一时间报备丢盘的房源信息和丢盘的原因。

避免大家再围绕这套房源做无用功。

那么，一般来说通过哪些渠道可以了解房子是否被同行成交了呢？

第一，通过关注同行网站的房源信息可以了解房子的状态。在大多数情况下，房子一旦成交，相关信息也会第一时间在网站下架。

第二，每套房源都要建立专有维护群，且群中应该至少有四个人：房源维护人、店长、经纪人、业主。每周，经纪人都要在群里向业主发送周报，阐述该房源的一些具体情况，比如带看情况等，并且与业主进行沟通。这样就可以从业主处及时把握房子的动态信息，一旦发生丢盘，还可以直接在群中，或者通过微信私信、电话的方式和业主交流房子的成交时间和价格等内容，帮助经纪人更好地了解丢盘原因以及当前的市场情况。

对于经纪人来说，偶尔丢盘是被允许的，也是难以避免的，但是一定要了解是什么时候丢盘的，以及为什么会丢盘，这样才能将丢盘的概率降到最低。

客从何处来

房地产经纪人每天的工作，无论是联系房源、带看还是签约，都是围绕客户进行的。因此，客源管理同样是行程量管理中非常重要的一环。毕竟有卖家，有买家，才能促成房产的最终交易。那么，常见有效的客源开发途径和方法都有哪些呢？

善用 IM，助力商机转化

过去，房地产经纪行业常用的获客方式是线下派单或打电话。移动互联网的普及，不仅培养了购房者通过线上搜索、了解买卖和租赁房产的习惯，也催生了很多房地产垂直网站。以贝壳找房为例，购房者通过页面的各类咨询入口，可以轻松实现与经纪人的对话，这些咨询入口就是经纪人获取线上商机的重要渠道。

因此，为了更加高效地获得客户，经纪人必须学会利用即时沟通工具，也就是IM，与潜在客户建立有效的连接，从而助力商机向实际成交转化。但是，在隔着屏幕的场景下，与潜在客户建立信任联系并不是一件简单的事情。管理者需要教导经纪人，在具体操作时要注意沟通时机、保持耐心等。

1. 选择合适的沟通时机

沟通时机的选择主要指的是IM的反发起。当经纪人和客户结束一段线上聊天之后，如果没能获取客户的其他联系方式，就需要启动IM复聊，与客户继续进行沟通。但不论是首次沟通还是反发起的复聊，时机的选择都至关重要。

虽然线上软件的存在打破了客户与经纪人之间的空间隔阂，但双方在时间上的壁垒依然存在。经纪人在工作的时候，潜在客户大多也在忙于自己的工作，因此，在工作日的上班时间，经纪人发起的沟通大多很难得到回复。相对来说，更加合理的沟通时机是8点至9点、

不论是首次沟通还是反发起的复聊，时机的选择都至关重要。

11点至12点以及18点至19点这三个时间段。

8点至9点，通常大多数人还没有开始工作，或是正在上班路上，或是正在吃早餐。在这个时间段里，很多人都习惯拿着手机查看并回复一些消息。或者，经纪人也可以更早一些与客户联系，因为早上人们醒来之后，也会习惯于躺在床上看一会儿手机。

11点至12点，通常是职场人的午餐时间。大多数人都习惯在吃饭的时候打开手机查看因为工作原因而没有回复的信息，或者浏览一些其他内容。在这种相对自由的环境下，经纪人更容易与潜在客户建立有效沟通。

18点至19点，人们大多已经下班，或是正在回家的路上，或是正在享受美味的晚餐。不论是在公交车、出租车、地铁上，还是在餐桌上，人们都有可能使用手机。在这个时间段里，经纪人向客户推送的信息被读取的概率会更高。

不过，凡事都要具体问题具体分析，并不是所有的行业都是朝九晚六的工作制度，比如对IT行业的人来说，加班是一种常态，他们的下班时间往往是在21点至22点之间，有时候甚至更晚。如果潜在客户从事的是IT行业，或者在正处于创业阶段的互联网公司任职，那么他们大多会在深夜甚至午夜发起问询。

当然，提到一些特殊行业的特殊工作制度，并不是要求所有的经纪人都全天无休地随时关注客户在IM上的问询消息，而是要让经纪人意识到，做好客户沟通，首先要从了解客户开始。只有充分了解商圈周边的潜在客户所从事的工作，掌握潜在客户的工作制度以及行为习惯，才能根据客户的特性选择合适的沟通时机，促成有效沟通。

至于沟通的内容，管理者应当提醒经纪人，要时刻牢记"为客户提供最好的服务"的宗旨。客户提出问题后，不能简单回答、敷衍了事，而是要在回答问题的同时，适当地抛出一些引导性的问题，或者给出建设性的意见，引导客户继续沟通。比如，客户就某套房源进行咨询的时候，如果经纪人手里还有一套更符合客户需求的房源，一定要主动向客户介绍。这样做，一方面可以让客户对经纪人产生信任，另一方面也有利于带看以及促成成交。

2. 保持足够的耐心

在日常工作中，很多经纪人都曾经遇到这样的情况：通过IM与客户建立了联系，但在常规的询问之后，却得不到有效的回答。这时候，大多数经纪人会选择忽视或者关闭这种看似无

> 做好客户沟通，首先要从了解客户开始。

效的沟通对话框。但是，很多时候，在这些看似无效的沟通背后，客户的需求却是真实存在的。

IM作为一种即时沟通工具，需要客户打开软件或者网页并主动点击才会触发，一般来说，对房屋购买或者租赁没有需求的消费者，通常是不会平白无故地打开相关软件或网页的。另外，有些客户之所以表现得并不积极，很可能是在广撒网，即同时与多名线上经纪人取得联系，然后根据对方的专业程度以及服务态度来进行重点选择。如果经纪人只对首次沟通就表现出强烈购房意愿的客户予以关注，而无视其他客户，很可能错过很多获取客源的机会。所以，在使用IM的时候，经纪人一定要保持足够的耐心。

在实际工作中，如果经纪人在反发起聊天之后，客户迟迟没有回复，经纪人可以继续询问，了解客户为什么没有回复消息，是对房源不满意，还是有什么其他具体的需求？如果客户仍然不回复，经纪人就要反思一下：是不是自己反发起的聊天有什么不对的地方？

另外，经纪人还可以采用一些有趣的手段来吸引客户的注意力，推动客户回复。比如，可以用发红包的方式去吸引客户加微信，或者每天给客户发送一些正能量的文字，等等。有

很多时候，在看似无效的沟通背后，客户的需求却是真实存在的。

时候，一些小小的举动反而会起到不错的效果。

3. 关注客户来电情况

除了以上两点之外，管理者还需要关注经纪人接听客户来电的情况。通常情况下，经纪人与客户的工作时间存在大面积的重叠，客户因为工作原因而无法接听的电话，很可能要到下班后才能回复。这时候，如何才能保证经纪人在非工作时间自愿接听客户的电话，并进行认真的答复？这需要管理者在日常的培训教导中对经纪人的工作态度进行重点培养。

除了对经纪人的教导，公司也可以提供一些辅助性的提示工具，比如贝壳找房上的一些合作门店会给经纪人提供"贝刻手环"，当客户的电话或信息进来后，手环能够同步显示，其内部带有的"强提醒"功能也可以确保经纪人第一时间注意到客户的呼叫，从而避免漏接电话、忘记回信息等情况的发生。

在信息化、数字化的时代背景下，利用好线上资源已经变得越来越重要。IM 扩大了门店能够接触到的客源范围，自然也就提高了经纪人的获客效率，如果管理者能够善加指导，与经纪人相互配合，必然能使商机更高效地转化为实实在在的收益。

拆解客源，抓住好客

从整个行业的角度来看，每个客户的成交场景都大同小异。但具体到每一名经纪人，理解并抓住客户与客户之间以及成交场景之间的"小异"，对于成交来说至关重要。这要求经纪人学会拆解客源，从中找到好客，进行针对性的服务。

一般来说，经纪人将客户的信息录入系统之后，系统会根据客户在系统内停留的时间、带看的次数、带看房源的数量等数据对客户进行评分，而所谓好客，就是系统中评分较高的客户。线下拆解客源的逻辑与系统分化客源的动作类似，经纪人同样需要将自己的客户进行对比、分析，其中咨询频率高、沟通效果好、消费意愿强的那些客户，就是经纪人的"好客"。

在实际工作中，可以采用客源盘点的方式找出好客。比如，管理者通过提问的方式向经纪人询问客源相关的问题，比如带看的次数、沟通和带看的时间等，问题可以尖锐一些，这样才能让经纪人意识到盘点客源和找出好客的重要性。

值得注意的是，好客的成交可能性虽然很高，但是这样的客户往往不会只和一个经纪人进行沟通。所以，如果经纪人不能在最短的时

> 理解并抓住客户与客户之间以及成交场景之间的"小异"，对于成交来说至关重要。

间内让他们产生足够的信任，那么客户就有可能因为其他经纪人为其提供了更有效的推荐、更便宜的报价而转投他人怀抱。

总而言之，拆解客源、发现好客只是一个开始。能否让好客创造出实际的价值，还要看经纪人的后续服务是否专业和到位，这才是有效抓住好客的关键。

1. 相信系统的推荐

在实际的业务场景中，有很多经纪人对数字化系统无感，对于系统推荐的好客，也会抱有很强的怀疑态度。但数据是不会说谎的，系统有客观的好客衡量标准，一些客户被系统认定为好客，一定有其内在的原因。因此抓住好客的一个非常重要的前提就是相信系统的推荐，如果经纪人自己都不相信好客的优质性，那么在后续的沟通与营销中，难免会懈怠，最终很可能导致好客的流失。

2. 分析客户的核心需求

经纪人想要赢得客户的青睐，必须学会利用线上看板的各类数据指标分析客户的核心需求。比如，经纪人可以根据客户每天在线上浏览了哪些区域、哪些商圈、哪些小区，以及周边的房价范围等信息分析出客户的需求和动向。有了方向性的引导，经纪人与客户的沟通基本上就成功了一半。

另外，对于二手房业务来说，很多有买房意愿的客户常常也是业主。因此，经纪人既要了解客户的需求，也要了解客户从何而来，只有这样才能掌握合适的房源推荐方向。如果经纪人与之前服务客户的经纪人属于同一家公司，也可以向之前的经纪人请教，了解客户的需求和特点。

3. 张弛有度的回访

即便是需求相对迫切的客户，面对房产这种高价值的商品，通常也不会在短时间内做出最终的决定。因此，回访是不可或缺的一个环节。

在具体工作中，回访有很多不同的场景，其中效果最好的是带看回访。经纪人在带看结束后，可以将客户带到门店的会议室，与其进行面对面沟通。一般来说，通过客户的表情和回答，经纪人可以清晰地判断客户对带看房源的态度，从而选择之后为客户服务的方向。

如果带看结束后客户没有在第一时间接受回访，那么到了晚上或者第二天，经纪人一定要回访一次，可以通过微信或电话的方式。因为当客户对房源有比较深刻的印象时，回访的效果才相对有保障。在具体的回访过程中，经纪人可以先和客户重新分析一下之前看过的房源，这一方面是为了激活客户的记忆，另一方面也是为了让客户感知到经纪人服务的差异化价值。

除了带看回访以外，日常回访也非常重要。虽说是"日常回访"，但也并不简单——如果跟进的方式不合理，很难让客户产生良好的体验感。跟进的频率过高，催得太紧，会导致客户产生厌烦心理，从而主动疏远经纪人；跟进的频率太低，客户又可能会被其他经纪人捷足先登。因此，经纪人可以在每周固定的日期、固定的时间对客户进行日常回访，这样不仅能够不断触达客户，还能够降低导致客户反感的概率。

至于日常回访的内容，尽量不要过于死板，可以加入一些情感性的内容，这样更容易打动客户。比如，在节假日向客户发送一些有针对性的祝福信息，远比一次机械的询问更能让人感受到服务的价值。

没有房源，二手房销售就是无本之木、无水之源。但是，如果没有好的客源，再多的房源也只是房源，无法产生价值。因此，找到好客，是房地产经纪人在工作中创造价值的另一个重要抓手。

除了带看回访以外，日常回访也非常重要。虽说"日常"，但也并不简单。

如何完成一次高质量的带看

在作业的整个过程中，带看是经纪人为数不多的能够与客户直接进行沟通的环节。无论是电话沟通，还是在社交平台上进行交流，都远不如带看的效果好。线下带看能使经纪人与客户进行面对面的交流，及时了解客户的需求，提升客户的信任度，激发客户的购买欲望。而在线上带看方面，VR带看可以使经纪人与客户通过语言和视频即时交流，向客户介绍房源的相关情况，获得客户的联系方式，为之后的服务奠定基础；AI讲盘则可以模拟带看场景，对经纪人进行系统训练，使经纪人快速掌握带看的话术和技巧。

当然，无论是线上带看，还是线下带看，要取得良好的效果，前提都是带看的质量能够达到让客户满意的程度。

从管理的角度来说，带看是经纪人业务管理中非常重要的一环，也是成交前的最后一个环节。一次高质量的带看可以直接促成成交，一次失败的带看也有可能使长期维系的良好客户关系化为乌有。因此，管理者要充分重视带看环节，时刻关注经纪人的带看工作成效，并且在适当的时候对经纪人给予必要的帮助和辅导，以促进带看质量的提升以及签单的达成。

线下带看的价值在于体现差异化

所有的经纪人都希望客户选择自己而不是其他人，但要做到这一点并不简单，一个行之有效的方法是为客户创造独特的价值。然而，在日常的交互场景中，能够让客户清晰地感知到经纪人为其创造了价值的环节非常有限。在这些有限的环节中，除了优质的房源可以直接提升客户的价值感知以外，带看的作用可以说是独一无二的。

线下带看的价值在于体现差异化。其实，差异化是一个很宽泛的概念，可以理解为一家公司或者一个门店的"独门秘籍",因此并不存在通用的差异化操作方法。但万变不离其宗,差异化主要是在保证主体服务质量和专业度的基础上,多一些与客户在感情层面的沟通与交流。一般来说,这主要可以从以下三个角度来体现。

1. 线下带看前的准备

从带看的角度来说,首看是非常重要的。首看之后,客户会对经纪人产生初步的印象,也会对门店提供的服务有一定的了解。如果首看时经纪人的服务不到位,没有让客户感知到独特的价值,那么客户很可能会选择其他门店。

要想在首看后留住客户,管理者要确保经纪人在首看中做到两件事:第一,将承诺书的内容展示出来,让客户清晰、直观地感受到经纪人的服务质量与水平;第二,播放签约视频,从而让客户了解房产交易的复杂性以及可能存在哪些风险,进一步强化客户的价值感知。

关于线下带看前的准备,以链家为例,经纪人通常会准备以下十项物品或资源。

第一,安心服务承诺。这是在客户首看的时候需要展示给客户的重要内容之一。

第二，背包或者手提包。资料和工具需要存放在包里，而且有时为了体现诚意，经纪人还要帮助客户携带一些随身物品。

第三，测距仪。带看现场需要测量房屋面积，带看前一定要检查电量是否充足。

第四，房源纸。打印带看房源的房源纸，最好能够标注准确的面积。

第五，计算器。用来进行一些简单的运算，可用手机计算器代替。

第六，带看路线地图。带看多套房源时，经常需要跨社区，为了让整个带看流程更加高效，带看之前就要规划好路线，把路线图提前呈现给客户。

第七，纸笔。用来在图上进行勾画，让客户更加明白经纪人所讲的内容。

第八，鞋套。为了不弄脏房屋，同时也是展示专业性的细节。

第九，金融案例分析。带看之后如果客户决定购买，必然会涉及如何付款的问题，这时如果有一些具体的案例作为参考，可以让客户更快、更准确地做出决定。

第十，替代房源。房屋这种高价值商品，很少有人会在一次或者两次带看之后就做出决定，所以在带看之前，不仅要准备客户计划去看的房源，还要提前准备一些替代房源。经纪人需要牢记替代房源的位置和特点，在客户提出看一下其他房源的时候，经纪人可以进行简单的介绍，并顺利带领客户到达指定的房源位置。

除了这些必备的物品或资源以外，如果客户是带着孩子一起去看房子的，经纪人还需要带一些小零食或者小玩具。否则，很可能会出现这样的情况：客户明明可以看五套房子，结果因为孩子哭闹最后只看了两套，而剩下的那三套或许恰恰是客户喜欢的。提前准备好小零食和小玩具，就是为了防止这种情况的出现。

或许有一些经纪人尤其是资深经纪人对以上的准备会表示疑惑，在他们看来，即使是临时决定的带看，自己也完全有能力表现出很高的专业度，让客户满意。但是管理者不能因此便在这个问题上有所妥协，毕竟有时候难免会发生一些突发状况，如果不提前做好准备，很可能就会与签单失之交臂。因此，管理者不仅要配合经纪人做好准备工作，还要向他们灌输这些准备的作用和意义。

其实很多时候，服务的差异化除了体现在专业度上，同样也体现在细微之处。比如，对客户说的一句暖心的话、给孩子的一块糖果……这些看起来微不足道的小小举动，却能帮助经纪人与客户建立起有温度的联结。专业会让客户对我们产生信任，而"专业+温度"，会让客户选择我们。

2. 线下实地带看

做好了首看的准备，接下来经纪人就要带客户去实地考察房源。实地带看是近距离接触客户的最佳机会，同时也是经纪人展示自己的专业价值和公司品牌价值的好时机。为此，管理者要教导经纪人设计并准备一套细致、全方位的服务策略，用良好的态度和脚踏实地的行动一举收获客户的信任。

对于市面上的各个房地产经纪公司来说，经纪人在最基本的专业度上并没有质的差异，然而，经纪人为客户提供的服务却存在着巨大的差距。原因在于，头部的房地产经纪公司对服务的理解更为深刻，对客户的需求、心理把握得更为精准。比如，实地带看时，一般公司通常会很直接地带着客户直奔目标，而头部公司却会在很多细节上下功夫，比如，会安排合适的陪看，还会根据小区内部环境规划带看路线等。

具体来说，以下三个方面可以体现出经纪

人实地带看时的专业度与温度。

(1) 安排陪看

陪看是很重要的，一个人带看和两个人带看，让客户感觉到的热情、重视度是不一样的。尤其是带着家人一起来的客户，一个经纪人往往很难照顾到所有人的感受。这时候，如果有两个人一起带看，就可以两方兼顾，还可以帮忙照看孩子。

管理者需要时刻关注员工对于带看工作的安排。比如，如果发现经纪人准备了一些零食或玩具，那么就可以安排一个女性经纪人去陪看，因为女性更有亲和力，照顾孩子更细心，小孩子也更愿意接受。管理者还要提醒陪看人，提前准备的零食或玩具必须经过家长的同意才能给孩子。

(2) 细节处有温度

提升客户看房体验和好感度的诀窍之一就是投客户真正之所"好"。关于这一点，管理者应当督促经纪人更全面、更深入地去了解客户，发掘客户信息，掌握更多的细节。

北京链家某大区的管理者曾这样要求员工：如果冬天看房的客户中有老人，经纪人必须提前准备暖手宝、热水杯等物品，避免老人受凉；如果客户是位年轻的女士，可以准备一束花。

除了这些准备工作以外，经纪人还要注意，与客户约定好时间后，一定不能迟到，而且要尽量早到。另外，在实地带看之后，经纪人还要把客户情况及时反馈给业主，这样不仅有助于保持与业主的黏度，还可以更深入地了解业主的急迫度以及可以接受的价位。同时，也要将带看的具体情况和回访的内容一起发送给商圈经理，方便其进行行程量管理。

管理者除了要监督经纪人完成规定数量的带看，还要避免经纪人为了完成指标而滥竽充数。在执行过程中，管理者可以要求经纪人在带看后提交具体的交付物作为带看数据的凭证，比如首看阶段的照片、带看过程中的小视频等。

3. 一带多看

"一带多看"可以视为实地带看的线上版本，具体是指，一位经纪人在实地带看的同时把带看的信息发到微信群里，让群里的所有经纪人都知晓带看的过程。这种形式，一方面可以推动没有完成带看任务的经纪人抓紧时间约客户，从而提升门店整体的带看量；另一方面，也可以自然地呈现出当日可带看房源，让其他经纪人充分聚焦当日房源。

北京链家的某个门店曾经通过一带多看的方式成功实现了带看量翻倍。每个经纪人在带看前或者带看中，都会把小区、居室、价格、看房时间等房源信息发送到群里。

这个群所发的带看房源，门店所有经纪人都能看到。当日有带看的经纪人看到消息后，会思考自己的客户是否也可以看这套房源。而当日没有带看的经纪人看到群里热闹的带看场景就会产生紧迫感，从而自发地抓紧时间进行约看。

一带多看，不仅是一种特殊的带看形式，也是一种管理工具，通过营造竞争的氛围，促进门店整体带看质量和带看效率的提升。

线上带看"黑科技"

随着互联网技术的广泛应用，很多房地产经纪公司开始应用一些线上"黑科技"为门店的经营赋能。在带看方面，常用的线上工具有两种：一种是VR带看，另一种是AI讲盘。

1. VR 带看

所谓 VR（Virtual Reality，虚拟现实）带看，是指把经纪人带客户看房的整个业务过程搬到线上。借助 VR 技术，客户使用手机或者电脑就能清晰地看到房源的整体情况。而且，在客户通过 VR 系统浏览房源的时候，经纪人的页面也会同步展示同样的内容，这时，经纪人可以像实地带看一样，向客户介绍房源的相关情况。

在 VR 带看的过程中，经纪人可以跟客户直接进行语言交流，并且通过房源的具体展示，提升客户对介绍内容的信任程度。虽然一次有效的 VR 带看很难直接促成成交，但可以让经纪人获得客户的联系方式，为之后的服务奠定基础。

从某种程度上来说，经纪人可以把 VR 带看视作实地带看之前的筛选工具。通过 VR 带看的方式，客户可以对自己感兴趣的房源有一个基本的了解，然后从中挑选出最喜欢的几套，最后再由经纪人带着去实地考察，这样不仅节约时间，还能提高带看的成功率。

在实际工作中，应该如何利用 VR 带看，在线上实现对客户的有效触达呢？

首先，VR看房还属于新鲜事物，很多客户还没有掌握使用的方法，有的时候接入进来之后会秒退。面对这种情况，经纪人要意识到客户是有需求才会进行操作的，虽然没有形成有效的沟通，但可以通过反发起的方式尝试与客户建立联系。

其次，要注意判断通过VR接入进来的客户是否有效。面对每天大量的数据堆积，经纪人必须清晰地了解某个数据到底值不值得继续花精力和时间去跟进，如果判断不出这一点，工作效率就会大大下降。

在VR带看的过程中，管理者要观察经纪人的沟通过程，评判此次VR带看是A级、B级还是C级？如果被评级为C级，就说明这次VR带看是不成功的。这时，管理者就要根据经纪人的SOP标准化流程，对其工作进行复盘，找到出现问题的环节并予以辅导。

如果成功实现了VR带看，接下来经纪人就需要从线上转入线下的实际带看。如果当天、3天或是7天之内没有成功转化，管理者就应该跟进，询问经纪人哪里出现了问题，是否需要自己的帮助。

虽然VR带看有诸多便利和优势，但依然很难取代线下的实际带看。毕竟，对于房子这种高价值、高价格的商品，客户还是更相信眼见为实的实际体验。因此，管理者不应该将 VR 带看视作与客户建立联结的最主要通道，而是应该将其作为赋能工具，用以锻炼经纪人尤其是新人与客户沟通、讲解房源的能力。

2. AI 讲盘

如果说 VR 带看是带看工作的赋能工具，那么 AI（Artificial Intelligence，人工智能）讲盘可以理解为带看的培训工具。使用这个培训工具，经纪人可以与 AI 进行对话，模拟带看场景。在这个过程中，AI 系统会记录经纪人应对提问的具体情况，并对经纪人的整体表现打分。也就是说，相对于之前没有具体标准的考核，线上工具的既定数据标准，能够辅助管理者更加清晰地对新人的水平进行评判。这种线上的系统训练，能够有效地提升经纪人讲盘的能力。

当然，角度不同，认知也不同。现在有很多门店的管理者还在纠结 AI 讲盘的价值，认为这种线上工具不能直接促成成交。但不可否认的是，作为一种有效的培训工具，AI 讲盘既标准、清晰，又能解放门店的劳动力，还可以让新人在进入门店之后得到最高效的培训，从而

> 管理者不应该将 VR 带看视作与客户建立联结的最主要通道，而是应该将其作为培训的工具，用以锻炼经纪人尤其是新手经纪人与客户沟通、讲解房源的能力。

快速掌握带看的话术和技巧。

跨区域带看与陪看

在实际工作场景中，很多时候因为限购或者客户自身需求的原因，经纪人需要到其他区域市场寻找客户所需的房源。尤其是客户在线上进行预先挑选的时候，会根据自己的需求进行全方位的衡量，但是在衡量的标准中，区位对于客户来说可能不是第一顺位的需求，比如在北京朝阳区的客户也会考虑海淀区的楼盘，只要这个楼盘能满足他的核心需求即可，这时就会出现跨区域带看的情况。

北京链家某个大区总结过这样一组数据：在带看的过程中，选择看一个以上大区的客户占客户总数的39%，这是一个相当大的比例。换个角度来说，经纪人需要掌握的楼盘信息有接近四成在自己的区域之外，这就意味着如果不具备相应的能力，经纪人会失去近四成的带看量。

很多经纪人在面对这种跨区业务的时候，带看一两次还能保持耐心，时间一长就会因为不熟悉其他区域的情况而逐渐产生放弃的心理，最后甚至会将客户直接丢给房源所在区域的其他门店同事。

如果经纪人自己决定放弃,那么任何人都"回天乏术"。要解决经纪人在跨区域带看中遇到困难时的心态问题,管理者需要在带看之前帮助他们建立积极乐观的心态,在带看过程中帮助他们调整不良心态,并以团队的力量积极为他们赋能。

具体来说,管理者可以在以下两个方面为经纪人赋能。

1. 陪看与合作的力量

单凭经纪人自己的努力,可能需要很长时间才能熟悉外部区域的市场。所以,经纪人可以向其他区域的门店求助,选择一位合作伙伴作为陪看人,帮助解答一些自己尚未了解的问题。

当然,合作伙伴即陪看人的选择也是一门复杂的学问。很多经纪人在跨区带看的时候,总是会根据客户的具体需求去选择不同的房源和不同的陪看人。客户要看 10 套房源,经纪人就会找 10 个陪看人。在这种时候,经纪人的想法大多是希望帮助客户从众多房源中找到最满意的一套,但陪看人往往只是希望将自己的房源销售出去,这样一来,经纪人和陪看人的出发点便出现了不一致,进而就有可能产生业务冲突。一旦出现这种情况,成交与否暂且不谈,购房者的看房体验一定会大打折扣。

不过,这种问题并非不可避免。既然跨区域带看会因为经纪人不熟悉市场而影响带看的效果,那么解决问题最直接的方式便是通过设置"专属陪看人"来提升带看质量,从而提高成交效率。专属陪看人可以是其他区域门店的经纪人,但他一定要具备一种特质,那就是除了对自己维护的房源比较了解之外,还要了解其他维护人手中的房源。只有这样的经纪人,才适合成为专属陪看人,因为他了解的房源足够多,能够帮助客户匹配更多的房源,为客户提供优质稳定的服务。而且相对于过去一对多的陪看形式,专属陪看人与经纪人之间点对点的联系更加紧密,双方之间的合作关系更容易维持下去。

根据市场经验,一位优质的、专业的陪看人往往能够客观公正地与同事合作,尽心尽力地输出自己储备的知识,最大限度地满足客户的需求,提升跨区域带看的质量。从管理者的角度来说,这样的合作带来的不仅仅是一次高质量的带看,对提振整个团队的协作氛围与精神也大有裨益。

> 专属陪看人可以是其他区域门店的经纪人,但他一定要具备一种特质,那就是除了对自己维护的房源比较了解之外,还要了解其他维护人手中的房源。

2. 合作能力与合作意愿

跨区域带看合作的前提是专属陪看人有足够的专业能力，并且心甘情愿地为客源端经纪人提供信息支持。那么，管理者应该如何提升陪看人的能力与合作的意愿呢？

第一，制定标准，强化赋能。管理者可以像制定带看标准一样制定陪看标准，严格要求陪看人，敦促他们百分百地投入，将陪看当作自己的本职工作。同时，在日常的管理中，管理者还可以加入讲盘、空看、房源述职等内容，强调陪看的重要性，训练经纪人的陪看能力。

第二，正负激励。除了能力的提升以外，意愿的提升也非常重要。管理者可以从正负激励两个角度去提升经纪人的陪看意愿，比如丢盘须述职，有陪看则可消除，再比如陪看成交之后可以得到一些荣誉、表彰、业绩分成等。

在这种激励制度的刺激下，陪看人会更加乐于在整个商圈中去寻找合适的房源，而不只是从自己的资源中去搜索。这样一来，房源与客户的需求匹配度能得到更大的提升，成交的概率也会大大增加。

从管理者的角度来看，跨区域带看不只是考验经纪人对辖区之外房源的知识储备和处理能力，更是考验"大团队"内部、两个区域团队之间的沟通协作能力。从某种程度上来说，将这个问题上升到企业的文化价值观层面也不为过。反过来说，这是挑战，同样也是机会，如果能加以利用便可以促进整个团队的文化融合，增强"大团队"的向心力和凝聚力。当这种向心力和凝聚力作用到每一个小团队之后，便可以在很大程度上提升商圈或门店的业绩以及市场竞争力。

跨区域带看不只是考验经纪人对辖区之外房源的知识储备和处理能力，更是考验"大团队"内部、两个区域团队之间的沟通协作能力。

细节那么多,到底应该怎么管

行程量管理的优势之一,是可以把管理深入到业务过程中的每一个环节,从细节处着手,帮助经纪人修炼好内功。久而久之,团队会因此形成良好的生态,不论管理者是否主动管理,经纪人的业务工作都能自主运转。而这,正是行程量管理的最高境界。

但是,对管理者来说,繁杂的管理细节也是一种挑战,因为有细节就有可能出现管理上的错漏和失误,细节越多,错漏越多。那么,有没有什么方法可以在一定程度上避免管理错漏和失误的发生呢?为了回答这个问题,贝壳在对行程量管理进行研究的过程中,结合大量的实际案例和经验，总结出了几个行之有效的方法。

洞察数据代表的含义

在行程量管理落地的过程中，一些重点指标对应的数据非常重要。因此，为了实现有效管理，行程量必须可量化（用数据支持）、可检核（有交付物呈现）。

数据是经纪人具体执行情况最直接的反馈，管理者依照数据，就能找到经纪人存在的问题。比如，管理者可以每周查看经纪人的活动量，以此来对每个人的工作达成情况进行分析，并对情况不太乐观的经纪人进行重点观察和指导。

不过，虽然数据对于管理来说有一定的指导意义，但更重要的是数据背后的问题，比如，经纪人为什么没有完成这个指标，待改进的地方在哪里？所以，作为管理者，必须回到数据产生的具体情境中去寻找原因，然后对症下药，才能拿出有效的解决方案。

在行程量管理中，有一个非常重要的指标——IM一分钟响应率。在具体的执行过程中，很多管理者只关注这个数据本身，即只关注经纪人是否做到了这一点，但回到场景中思

> 为了实现有效管理，行程量必须可量化（用数据支持）、可检核（有交付物呈现）。

考就会发现，很少有经纪人故意不理睬客户，没有及时响应的主要原因是没有注意到客户的信息。所以，认真分析数据指标背后的实际场景和问题就会发现，一味地督促经纪人按时响应并不能解决问题，更重要的是解决他们无法及时听到信息提示着的问题。贝壳针对这一点提出的解决方案是给每一个经纪人配备一个可以及时通知消息的手环，这样，IM一分钟响应率自然就提高了。

管理的重点之一是发现问题、解决问题，因此形成对数据全面、准确的认知，包括数据产生的场景、时机等，就显得极为重要。凡事都有两面，如果数据本身是A面，那么"为什么想让这个数据增长"就是B面，相对来说，B面才是管理者真正需要探索和量化到过程中进行管理的。

"切场景"而非"排时间"

经纪人的作业场景涉及房屋（包括二手房和新房）买卖、房屋租赁甚至房屋装修等诸多业务，那么在如此复杂和大跨度的业务管理中，管理者应该怎样合理分配工作呢？一般来说，高段位行程量管理的落地要求我们回归真实场景,把行程量拆解进具体的场景中。

市场中最常见的情况是,用"业务范畴"和"作业时间"来对行程量进行拆分。比如,某一天集中约客户看二手房,某一天集中约客户看新房。然而,一周只有七天,随着业务量的增长,时间难免会越来越紧张。这时候应该怎么办呢?正确的做法是"切场景",而不是"排时间"。

追根溯源,无论是房屋买卖、房屋租赁还是房屋装修,对经纪人来说最重要的都是将客户或业主服务好,而服务就需要以具体的场景为依据。因此,在进行行程量管理时,管理者应该将业务置入具体的服务场景中,教导经纪人在与客户、业主的交互中找到商机。

其实,每个场景都可以拆分出许多更细致的需求,实现更为精细的管理。因此,管理者在抱怨经纪人的转化率很低的时候也要思考:怎样在每个场景下都设计出更细致的规则、提供更多的工具来帮助经纪人寻找商机、提升转化率?比如,在带看之前,管理者可以与经纪人一起聊聊目标楼盘的替代品,如果客户对目标楼盘不满意,就可以快速切换至下一个场景。即使客户对目标楼盘很满意,管理者也需要教导经纪人在目标楼盘之外留意寻找碎片化的需求。

追根溯源,无论是房屋买卖、房屋租赁还是房屋装修,对经纪人来说最重要的都是将客户或业主服务好,而服务就需要以具体的场景为依据。

比如，经纪人约了一位客户带看二手房，但是客户对这套房子并不满意。经过深入的交流，经纪人发现自己手里的一套新房非常符合客户的需求。这时候，经纪人就可以在带看二手房的场景中，引导客户去看那套新房。这样一来，就可以直接从二手房带看切入新房带看场景，而不用再另约时间去看新房。再比如，经纪人在销售一套房子的过程中，发现客户有保洁或装修的需求，就可以将公司的保洁、装修服务推荐给他。

总之，场景管理的核心逻辑是主抓客户的本质需求，同时留意客户的碎片化需求，正所谓，细节决定成败。

看结果，更要看过程

面对烦琐、细碎的管理工作，很多管理者都将减法做到了极致——只看结果，不看过程。在他们看来，结果可以直接决定经纪人的业绩，也是衡量经纪人能力的一项重要指标。然而，只看结果虽然在一定程度上能够增强管理力度，但很多时候也会给团队带来负面影响。比如，经纪人明明在过程中很努力，却因为没有达到

> 场景管理的核心逻辑是主抓客户的本质需求，同时留意客户的碎片化需求。

管理者想要的结果而被批评和处罚，这时候他们很容易产生抗拒心理，进而影响团队的氛围和执行力。

其实，对于一些经纪人尤其是新人来说，很多时候业绩不理想并不是因为他们不努力，而是因为经验、能力不足，不知道如何完成目标。这时，如果管理者一味地逼迫他们，很容易适得其反。

因此，管理者应当转变思想，不要只看结果，而应该更多地关注过程。结果是既定的事实，无法改变，过程却是可控的，与其因为不如意的结果而对经纪人进行处罚，不如引导他们踏踏实实地做好过程中的每一步。

比如，经纪人某一周或某个月没有完成既定的带看任务量，这时候对其进行处罚意义并不大，管理者真正要做的应该是去了解其带看前后的过程，然后从中总结出该经纪人存在的问题：是交流方式不当，还是客户维护不到位？找到问题、解决问题，才能帮助经纪人实现能力的提升，获得理想的结果。

一味追求结果的管理方式之所以不利于团队的发展，一个很重要的原因是忽略了经纪人的成长。因为只看结果，很可能会抹杀经纪人在过程中的努力和付出，这对于经纪人的成长来说是最严重的打击。长此以往，一部分经纪人可能会因为看不到前途而离职，另一部分则很可能会为了快速获得结果而走上歪门邪道。在一些不正规的房地产经纪公司中，这样的团队和经纪人不在少数，从短期结果来看，他们确实收获了一些业绩，但未来呢？被短期利益引入歧途的经纪人、团队、公司根本没有未来！

第二章

无处不在的斡旋

斡旋作为经纪人服务流程的重要一环，简单来说，就是居中服务，帮助客户和业主双方在房源、价格等关键问题上达成一致。

斡旋的本质是交流，是信息、认知、三观乃至心灵的碰撞。一次成功的斡旋必须面面俱到，充分考虑到业主、客户和经纪人及其背后公司三方的利益与诉求。任何一方的利益受损，斡旋的逻辑都将走不通。鉴于此，管理者需要教导经纪人如何真实有效地获取并传递信息，消除双方甚至三方交流过程中存在的隔阂与问题。

斡旋的本质是交流，是信息、认知、三观乃至心灵的碰撞。

经纪人是斡旋的中间节点

管理者要引导经纪人树立对斡旋的正确认知,即获取并传递业主和客户的信息,消除交流过程中存在的隔阂,促使双方最终达成共识,使经纪人以积极、主动的心态来对待自己的工作,而不是抱着一种带看、报价、把双方生拉硬拽到谈判桌上即可的敷衍心态应付了事。对房地产经纪行业或者经纪人来说,一单生意可能是千千万万次交易中稀松平常的一单,然而对大多数业主和客户来说,无论是卖房还是买房,都是需要慎重思虑和考量的大事,经纪人不专业的敷衍态度必然会引起他们的反感,甚至产生防御心理。而无法获得业主和客户的信任,斡旋、成交也就无从谈起。

> 无法获得业主和客户的信任,斡旋、成交也就无从谈起。

因此，摆正斡旋的姿态和心态是"万里长征"的第一步。作为斡旋的中间节点，经纪人是极为重要和关键的一个环节，桥梁不通，另外两方便很难进行沟通。管理者应当让经纪人意识到，斡旋是一名合格经纪人必须具备的最基础的能力，甚至没有"之一"。

三方斡旋是一个漫长的过程

三方斡旋是一个非常漫长的过程。在一些经纪人看来，把买卖双方都约到一张桌子前进行谈判，才是三方斡旋的开始，其实不然，斡旋无处不在。当经纪人首次接触业主或客户时，三方斡旋就已经开始了。管理者要向经纪人尤其是新人传递这种理念和认知，促使他们认真且用心地对待每一次与业主、客户的交互，做好前期斡旋、带看、谈判以及最终签约过程中的工作。

在斡旋前期，管理者需要引导经纪人保持简单的初心，少一些功利的追求，多用心做好服务。比如在匹配房源时，管理者要引导经纪人把初衷放在找到最符合客户需求的房子上，而不是一直盯着最后的成交。成交固然重要，但它应该是成功斡旋后自然而然的结果。这种由前及后的逻辑更为顺畅，执行起来也会少一些阻碍。

在带看前、带看中以及带看后，经纪人除了要体现出作为置业顾问的价值，向客户传递专业知识和市场经验之外，还有很重要的一项工作就是增进客户和业主彼此间的了解。比如，向业主推荐客户，介绍其为人靠谱、购买力强；对客户说业主素质很高，工作也非常稳定等。换句话说，在三方斡旋中，房地产经纪公司和经纪人只是第三方，是斡旋的中间节点，发挥的是牵线搭桥的作用。真正的决策者，或者说斡旋的终点是业主和客户。因此，经纪人在斡旋中帮助双方增进对彼此的了解，使双方建立起对彼此的良好印象，有助于减少面对面交流时的障碍。

接下来的环节是业主和客户真正进入会议室进行面谈。在这一环节，必然也会出现诸多需要经纪人居中斡旋的问题，比如业主和客户双方对房价存在一定的分歧，这同样考验经纪人解决问题的核心能力。管理者在培训时应当引导经纪人建立相关的分析体系、制定应对策略，毕竟授人以鱼不如授人以渔。其实在价格问题上可以斡旋的角度有很多，比如当前的市场价格、本小区的一些成交案例，再比如周期、房子的装修、家具家电以及腾房时间等，都是

> 在三方斡旋中，房地产经纪公司和经纪人只是第三方，是斡旋的中间节点，发挥的是牵线搭桥的作用。

经纪人可以选取的斡旋出发点。不论方式方法如何、过程如何，最终目的只有一个：让业主和客户在分歧点上达成满意的共识。

最后一个环节是签约。在业主和客户双方见面签约之前，经纪人需要做一个小小的动作，比如真挚地感谢双方对自己工作的配合与支持，这样做的本质是让业主和客户认可目前的价格，让双方意识到经纪人在过程中发挥的作用、付出的努力。但是在现实交易中，很多经纪人甚至管理者往往会忽视这个小小的动作的作用，只要价格达成一致，就急忙催双方签约，结果很容易出现一些差错或疏漏。

由此可见，提前进行"斡旋策划"能够让整个签约进程更加顺畅，而且更重要的是，能够进一步拉近三方的情感距离。管理者应当让经纪人明白一个道理，从本质上来说，房地产经纪行业属于服务业，用心做好服务是经纪人最重要的本职工作。而要想做好服务，除了展现作为置业顾问所具备的专业知识和职业素养之外，维护好业主与客户之间的情感联结也十分重要。一些优秀的经纪人之所以能做出连环单，正是因为他们非常重视情感联结，并且在工作中做到了这一点。这种连环单也是业主或客户对经纪人认可和信任的体现。

> 从本质上来说，房地产经纪行业属于服务业，用心做好服务是经纪人最重要的本职工作。

斡旋是三观、心灵的碰撞

曾有人说："你畏惧天理，他畏惧权威，这是世界观的不同；你站在良知那一边，他站在赢者那一边，这是价值观的不同；你努力是为了更好地生活，他努力是为了做人上人，这是人生观的不同。"每个人对世界、对社会都有自己的认知，相应地，在为人处世上人人也都有自己的一套规矩和准则。

所以，房地产经纪行业的管理者有一个非常重要的职责，就是培养经纪人具备一种能力，使其在面对拥有不同三观的业主、客户时，能够平缓地拉齐双方的认知，让他们能站在同一认知层面交流对话，或者从三观出发，寻找斡旋困局中的破冰点，给三方一个继续交流的理由。如果经纪人具备了这种能力，斡旋的成功率就会高很多。

链家曾经受一位大学教授的委托，帮其出售一套房子。从专业的角度来说，教授的房子在各个方面都很优质，比如装修十分出色，能看得出来主人的用心与爱护。在房子的客厅里，教授专门开辟了一面墙做成大书柜，上面摆放着各式各样他喜欢的书籍。

链家的经纪人带很多客户去看过这套房子，

大部分客户在参观后都表现出了较为强烈的购买意向，可是前前后后谈过很多次，都被这位教授以各种各样的理由拒绝了。时间长了，很多经纪人开始怀疑他是不是真的有卖房的诚意。大家都认为，教授把房子装修保养得这么好，更像是打算长期居住的。

但是，链家的一位管理者经过深入的分析与思考，得出了不一样的结论：如果这位教授没有售房意向，或者意向不强，在客户看房的时候肯定不会这么配合，也不会花大把时间与经纪人和客户进行沟通。所以，问题并不在于意向，而是三方在斡旋的其他环节或认知上存在障碍。

基于此，这位管理者开始引导经纪人与教授、客户进行更深入的交流沟通，从中发掘更多有效的信息。后来，经过不懈的努力，经纪人终于捕捉到了破冰的关键点——经纪人发现有一对夫妻，两个人都是某大毕业的，与教授同校。

为了顺利地建立起业主与客户之间的联系，这位管理者提出一个方案：让这两位客户以一种向老师、前辈求学的态度去拜访这位教授。结果证明，管理者和经纪人成功地抓住了本次斡旋困局的破冰点。从一开始，客户和教授之间的交流就完全抛开了房子的问题，而是说了很多在某大求学的往事以及各自专业领域的话题，整个沟通过程非常愉快和顺利。交流结束时，两位客户特意向教授鞠了一躬，以表达对教授的为人和学识的敬仰之情。

不过，沟通结束后，两位客户对链家的管理者坦承了自己的苦恼：房子的价格超出了他们的承受能力，目前手上没有充足的资金，所以需要重新考虑一下。但同时也表示，房子能否成交已经无关紧要了，他们更在乎的是有机会能够与教授进行深入的交流。对管理者和经纪人居中斡旋的努力，他们同样表达了感谢。当教授从经纪人那里获知这一信息之后，竟然主动降低了房价，并且愿意将一书架的书全部送给他们。这套房子最终顺利成交。

斡旋就是人与人之间的一种沟通形式。当双方三观相同，对某些问题的看法和理念一致，非常聊得来时，即便在房产买卖这种高价值的交易中，通过斡旋使某一方适当做出一些让步也是有可能会发生的。而且做出让步的一方不仅不会感觉到损失，反而会因为收获了志同道合的朋友而感到欣慰。当掌握了业主和客户认知的某个共同点，哪怕只是三观中一观相同，经纪人也可以由点及面，拉齐双方在其他层面的认知，破除斡旋中的障碍。

因此，经纪人在与业主、客户的交流过程中要主动地、有针对性地发问，比如询问他们的工作经历、求学经历、对客户或业主的要求等，从中寻找有利于斡旋的关键信息。除此之外，经纪人还要从业主或客户的一些看似不经意说出的话中，发掘其认知、三观等因素，这有助于构建全面精准的人物画像。掌握了精准的人物画像，经纪人才能有的放矢，居中斡旋才能更加从容，成功率也会更高，正所谓"知己知彼，百战不殆"。

需要强调的是，拉齐三观并不局限于业主与客户之间，经纪人与业主、经纪人与客户之间的爱好、三观等因素的拉齐对斡旋的成功同样大有帮助。因此，管理者要向经纪人灌输的一个理念是：三观一致可以让我们在斡旋的过程中，多一些回旋的余地，多一种破冰的手段，多一条与业主、客户建立稳定关系的通道。

房地产经纪行业属于服务业，如果经纪人有能力把客户或业主加入自己的私域流量池，那么其后续工作的展开就会如虎添翼。业务能力强，是经纪人获得业主和客户认可的前提，但三观相同，能使经纪人真正被业主和客户接纳。

第二章　无处不在的斡旋

链家的一位经纪人通过桌球与一位业主交上了朋友，而且对方对他十分信任和接纳。平时，两个人的交流基本与工作无关，只是一起打打桌球，或是相约吃烤串、喝啤酒，聊一聊家长里短。但业主有购房需求的时候，第一时间想到的就是这位经纪人。在购房过程中，两人的合作也非常顺利。

通过上面的两个例子不难看出，我们完全没有必要从过于宏观的角度理解"三观"，很多时候，兴趣爱好、学习经历，甚至对食物的喜好等因素都可以作为经纪人与业主、客户联结的点。从这些点出发做服务，可以使经纪人更好地居中斡旋、调节存在的问题，为成交清除障碍。

斡旋应当是"方法技巧+情感联结"

斡旋是一种沟通形式，既然是沟通，就应当讲究方法和技巧。链家曾提出过一个理念：有数据的时候用数据，没数据的时候讲案例，没案例的时候讲近期的市场经验和趋势。

任何一个房地产经纪公司，不论规模大小，在市场数据、案例和趋势理解等层面一定远远

> 有数据的时候用数据，没数据的时候讲案例，没案例的时候讲近期的市场经验和趋势。

领先于绝大部分业主和客户，这是毋庸置疑的。而且，向房地产经纪公司寻求帮助的客户中，除了提前建立了情感联结的部分客户，大部分人对房地产经纪公司还抱着一丝防备的心态。如果经纪人一味生硬地向他们灌输房源和公司信息，反而会适得其反。这时，如果换一个角度，以公司和房源信息为主，辅以真实有效、可触摸的数据与案例，则会让斡旋进展得更为顺利，对业主、客户的说服力也会更强。

值得提醒的一点是，对市场趋势的洞察，需要经纪人有过硬的实力和大量的市场经验积累，而且往往需要很长时间来验证。因此，这对有些经纪人尤其是新人来说是一个难点。但如果经纪人能够对市场趋势做出正确的解读，那么他对业主或客户的说服力一定会大幅度提升。

不过，虽然数据、案例和对市场趋势的洞察对斡旋很有效，但也不能过于"迷信"。

链家曾服务过一位业主，他的房源从2016年一直挂到了2021年，五年的时间换了五位经纪人，却一直都没有满意的结果。到第五位经纪人时，他并没有着急去面访业主，而是先与同事进行沟通，了解业主和房源的情况。他得到的反馈是：该业主脾气不太好，一接触就涨价，即使市场不好也会如此。这些信息让经纪人心生疑惑："真的有这样的业主吗？"带着疑问，他开始了对该业主的第一次面访。

通过面访时的深入交流，经纪人得知，这位业主是某公司的财务总监，出于职业的敏感性，她十分看重数据和案例，几乎每天都会研究、对比各大房地产经纪公司的各种数据，还会与不同公司的多位经纪人保持联系，获取实时信息。除此之外，这位业主还加入了小区的业主群，只要有房源交易方面的风吹草动，她就会从旁打听消息。

我们一直强调数据和案例对于房产买卖的重要性，但是这位业主的做法却并不科学。她采取的这种信息收集方式就像是"大锅烩"，将大量的信息收集到一起却不经过任何的分拣过滤，所以根本分不清主次和重要程度。更重要的是，如此得来的信息往往存在着很严重的滞后性，实际参考价值不大。诸多原因结合在一起，最终导致业主对行情做出了错误的估计和判断。

这个案例说明了，数据和案例的说服力并不是绝对的。管理者在向经纪人传授相关知识和经验时，也应向经纪人明确指出，不论是数据、案例，还是对市场趋势的洞察，都只能作为斡旋的辅助工具，千万不可将之视为万能的手段。必要的时候拿出来，能起到"画龙点睛"的绝妙作用，滥用则会适得其反，增加经纪人斡旋的难度。

而且，数据、案例和市场趋势三者之间没有重要程度的区分，其作用完全取决于具体的应用场景，即业主或客户需要什么，经纪人就给什么。从另一方面来说，这也在考验经纪人对斡旋形式的把握，要求经纪人在正确的时间点和场景选择正确的工具和方式。

虽然可以运用一些技巧获得业主和客户的初步信任，但并不代表接下来就能一切顺利。在获取信任的基础上，管理者还需要引导经纪人与业主、客户建立更为坚实的情感联结，以此作为斡旋的前提，这样才能推动项目前进，直至成交。

还是以上面的案例为例，第五位经纪人在获取了相关的信息之后，选择了主动出击，四处游走帮助业主做推荐。其实业内人士应该能理解，五年内一直挂牌没有成交的房源，已经相当于被"打入冷宫"了，推荐的难度可想而知。

但这位经纪人并没有退缩，他每天都拿着房源信息出去推荐，风雨无阻。每到一个门店，他都会拍一张照片或一段视频发给业主，告知她自己确确实实在用心地推荐。有一次，经纪人来到客源较为密集的北京回龙观时，遇到了一场特别大的雨，他依旧冒雨完成了推荐工作，并拍摄了视频。业主得知后十分感动，她给经纪人发微信说："这些年来，遇到那么多经纪人，你是唯一一个如此努力帮助我卖房子的人。"就这样，经纪人成功地与业主建立了情感联结。

其实，建立情感联结并不像我们想象中那么困难，像案例中的经纪人那样每次出去推荐房子时拍一张照片或一段视频发给业主和客户就能够起到很好的作用。所以，管理者应该教导经纪人站在业主或客户的角度换位思考：如果一个服务人员每天风里来雨里去，三个月不间断地为我们服务，我们会不会感动？如果经纪人会，那么对方也可能会，这样的建立情感联结的方法就值得采用。即便无法升级到感情的层面，也必然能够增强业主或客户对经纪人的信任，为日后的成功合作奠定基础。

完成交易后，第五位经纪人在做总结思考时发现，其实他所做的工作并不比前几任经纪人多，只是胜在了更勤快、更精细，体现出了服务的差异化。正所谓"细节处见真章"，细水长流的精细化、差异化服务和斡旋最能打动人，而以此为根基与业主、客户建立的情感联结也最经得起考验。

公司是斡旋强有力的支撑

为业主和客户提供服务从来都不是经纪人一个人的事情，一名经纪人的专业知识、市场经验、服务水平能在很大程度上反映出其背后团队的整体实力处于何种层级。反过来讲，业主和客户对经纪人的印象，不论好坏，都一定会延伸到整个门店、整个公司。因此，包括品牌背书在内的团队支撑，对于经纪人的斡旋起着至关重要的帮扶作用。

以斡旋技巧的三个角度——数据、案例和对市场趋势的洞察为例，每一个都需要经纪人不断摸索，在成长的过程中慢慢积累，这需要经纪人付出大量的时间和精力。但如果以公司为跳板，在数据和案例的累积方面就可以节省很多时间和精力。至于对市场趋势的洞察，这是一种无法直接灌输的能力，只能依靠经纪人一点一滴地积累专业知识和市场经验，不断地

业主和客户对经纪人的印象，不论好坏，都一定会延伸到整个门店、整个公司。

加深对市场趋势的理解。

　　有了足够的数据和案例作为基础，经纪人在实际跑商圈或者斡旋时，就会比从零开始摸索认知更快、更深刻，学习效率也会更高。另外，如何从案例和实战中思考总结，管理者也应当给予经纪人一定的引导。比如门店每天都会进行案例分享，当他人在做分析总结时，作为听众的经纪人不应该只满足于表面上的成功因素和案例的积累，而要学会多延伸，多问几个问题：这套房源的优质点在哪里？哪几个优质点最吸引客户？这次的成功经验是否可复制，是否可以应用到整个小区甚至整个商圈后续的斡旋之中？他的成功与我的成功有哪些相似之处，又有哪些不同，值得学习的点在哪里？

　　引导经纪人多思考、多问问题，能在潜移默化中培养他们独立分析、总结的习惯和能力，这是一笔比纸面上的数据和案例更有效力、更能长久发挥作用的宝贵财富。

　　除了对经纪人能力提升的支撑外，公司最大的用武之地是为经纪人斡旋提供直接的帮助。这里所讲的公司帮助，泛指公司所具备的所有资源，包括数据、案例、导师、品牌背书等。链家的一位培训讲师曾表达过这样一个观点：在链家（不只是链家，其实整个房地产行业皆是如此）所有的资源中，最重要的不是业主，不是客户，而是身边的同事。

房地产经纪行业是一个时时刻刻都在变化的行业，交易场景在变，交易习惯在变，甚至更宏观的交易环境、政策也随时都有可能发生变化。因此，一名经纪人即使再资深，即使在某个商圈深耕数十年，在这种变化面前，也必须保持学习的习惯。而且我们一直强调，斡旋没有"一招鲜"，体现的是一个人的综合能力，是人与人的沟通。人是一种复杂的情感动物，个体之间存在着千差万别，经纪人一个人的力量注定无法面面俱到，"人多力量大"才是一个团队应该秉承的理念和思想。

链家曾处理过一个单子，当时已经进入最后的价格确认环节，但业主明确表示一分钱不降，客户也表示一分钱不加。双方价格的差距有多少呢？只有15 000元。相较于一套房子的价值来说，15 000元的确不多，可就是因为这笔钱，整个进程陷入了僵滞。

作为斡旋的中间节点，经纪人想了很多办法。先是与客户商量将整个付款周期缩短，比如将原来6个月的周期缩短为3个月，这样业主可以提前3个月拿到钱，做3个月的理财，以此来换取业主的让步。但业主还是不同意降价，经纪人只能再想其他的办法。后来经纪人又提议客户多出一些首付，用以做理财，这同样可以把价格差距拉小一些，但是这条路依旧没有走通。

其实经纪人也能理解双方，业主想卖了这套房子换一套更好的房子，前期谈判中已经降了不少，再降的话就负担不起另一套了，而客户这边前期也加了不少钱，手里的资金也不充裕。在这种胶着的情形之下，只能依靠经纪人居中斡旋寻找破冰点。

在接连提出的几个解决方案全部被否决后，经纪人开始寻求团队的帮助。这时候，一位同事提到了一件小事：可以从车位的角度破冰。

一语惊醒梦中人！业主正好有两个车位，客户也正好有此需求，而且两个车位的一年租金价值之和与 15 000 元相去无几，最终双方一拍即合，顺利完成交易。

当一名经纪人深陷斡旋困局之中时，其思维方式也不由自主地僵化，一些在平日里看来很简单、很显而易见的问题也可能被忽视。而此时，团队中的同事，不论是老人还是新人，都可能从一个局外人的角度提出关键性的意见，给予及时的点拨和启发。一个人在团队内或许能力非常突出，甚至能起到牵引的作用，但在面对某些斡旋困局时，团队的力量绝对比个人的更强大。

我们换个角度设想一个场景：一个在北京海淀区深耕多年的资深经纪人，到了昌平区或者丰台区可能也会陷入困境，对商圈、片区不熟悉会导致他无法发挥出自身最大的实力。此时，最好的解决方法是什么？找一位该商圈内的资深经纪人陪看。对于客户来说，专业的团队其实比单个专业的经纪人更有说服力，毕竟在人的传统认知里，团队的力量才是无穷的，而事实也是如此。

总而言之，作为管理者要时刻提醒经纪人重视团队的力量，当个人的能力发展遇到瓶颈，或是斡旋陷入困境时，多问一问身边同事的意见和想法，问题说不定就会迎刃而解了。

> 一个人在团队内或许能力非常突出，甚至能起到牵引的作用，但在面对某些斡旋困局时，团队的力量绝对比个人的更强大。

业主客户是斡旋的起点，也是终点

在参与斡旋的三方中，业主和客户有其独有的特性：他们既是斡旋的起点，同时也是斡旋的终点。一般来说，他们只有在有出租或出售房产的需求时才会主动联系房地产经纪人，经纪人才能由此居中建立起两方的联结。如此看来，每一笔单子成交的开端都有一定的偶然性，但是能否斡旋成功，则取决于管理者和经纪人的专业能力和努力程度。把偶然变成必然，是管理者与经纪人应该执着追求的方向。

与业主、客户斡旋的四部曲

斡旋是三观和心灵的碰撞，因此，对经纪

人来说，从因为偶然建立联系，到深入了解业主或客户，形成稳定的、有温度的情感关系，注定需要经历一个漫长而曲折的过程。在此期间，如何稳定住业主和客户，让他们信任公司和经纪人，是重中之重。

从市场的角度来看，房地产经纪行业的竞争极为激烈，为了在竞争中胜出，每一家公司都必须具备"独门秘籍"。"业主、客户为什么要选择我们？"这是每一个房地产经纪公司、每一个管理者，乃至每一个经纪人都需要不断询问自己的问题。其实这个问题并没有确切的答案，市场口碑、品牌实力、在某个商圈中的积累和深耕程度等因素都会影响业主、客户的信任度和认可度。但房地产经纪公司与业主和客户的直接接触点——经纪人的服务是否专业、是否有足够的市场竞争力，却能从根本上决定一次交易能否成功。因此，管理者应当投入更多的时间和精力来教导经纪人做好与业主、客户的第一次接触，以及后续的留存和稳定，直至促成最终的交易。

具体来说，经纪人与业主、客户的斡旋需要注意以下四点。

1. 以专业的姿态赢得业主的初步认可

"不要把鸡蛋放在同一个篮子里"是人尽皆

知的道理，因此，业主在售房时通常会与多家房地产经纪公司联系，让更多的经纪人甄选客户，从而以更高的价格成交。同样，客户也会货比三家，从多个经纪人那里获取信息，以便挑选出性价比最高的房子。因此，在这种无形的竞争中拉开与同行业经纪人的差距，乃至脱颖而出，就显得尤为重要。我们以链家的一位经纪人与业主第一次接触的场景为例，看一下他是如何专业地做好第一次客户接触的。

经纪人与业主第一次见面，先是进行了常规的寒暄，之后，业主开门见山地表示自己要出售一套房子，并提供了户型等相关信息，同时表示想了解一下这套房子的行情。这时，经纪人做出了一次十分优秀的应答："我对这个户型挺熟悉的，上个月刚刚成交了一套，当时的成交价在1280万元左右。咱们小区一共有1160户，您所居住的172平方米的三居室是整个小区的主力户型，一共有256户。您的房子所在的这栋楼处在小区最中心的位置，还有两栋楼位置稍差一些，一栋是前面的19号楼，另一栋是后边的23号楼。所以相比较而言，您这套房子的价格应该比其他在售的房源价格稍微高一些。在我们的内网上，目前172平方米户型的房子一共有 11 套，在售的一共有 7 套。其中，最高报价为 1450 万元，那位业主之所以报这么高的价格，主要是因为他不是特别着急出手；最低报价是 1280 万元，就是我刚才跟您说的最近成交的那一套。另外，再跟您汇报一下整个市场的行情，从今年 1 月到 10 月，咱们小区一共成交了 11 套房，最新的成交记录就是我完成的。去年咱们这个小区一共交易了 26 套房，您这个户型的有 4 套。"

与行业内常见的一问一答式的僵硬交流相比，这位经纪人以数据、案例的形式详尽地分析了业主所在小区的市场行情，能让业主在短时间内建立起对自己房子的初步认知与定位。以上这段回答可能仅需要几分钟便可以完成，但它却凸显出了经纪人的专业性和为业主负责的态度，给业主留下了专业、用心的深刻印象，获得了业主的认可与信任。

经纪人的专业和用心是留存、稳定业主和客户的大前提，同时在具体的表述上，也需要体现公司的品牌价值。毕竟，房地产经纪公司在市场上的影响力和在业主、客户中的口碑，都是通过经纪人在一次次与业主、客户接触中体现出的小价值积累而来的。这也是管理者在

> 经纪人的专业和用心是留存、稳定业主和客户的大前提，但是在具体的表述中，也需要侧重考虑公司的品牌价值和具体利益。

教导过程中应当着重向经纪人灌输的。

2. 用心做服务才是留存业主和客户的关键

在当下的商品房市场中，实力强劲的房地产经纪公司不在少数，每一家公司的成长故事和逻辑都不尽相同。但是纵观头部的几家公司，我们会发现它们有一些共同之处，比如经纪人多、门店覆盖广、业主和客户数量积攒多等。当然这只是表象，究其本质来说，它们的成功秘诀都可以归结为一点：谁能用心做好服务，谁就能赢得信任和市场。

众所周知，商品房楼盘的成交对经纪人有非常高的依赖性，业主和客户对各大房地产经纪公司的观感和印象相差不会太多，他们更看重的是正式接触时经纪人的临场表现。因此，管理者要向经纪人讲清楚一个逻辑：斡旋前期的支撑点是业主和客户对经纪人的第一印象，而中后期比拼的则是经纪人与业主和客户接触的频率、时长、服务的质量，也就是品牌的客户黏性。

链家的某位管理者曾分享过这样一个故事：某天他驱车回门店，刚进小区的时候突然下起了大雨。此时他看见链家的经纪人齐齐地收起板子往屋里跑，与他们形成鲜明对比的是另一家 M 公司的经纪人，他们都拿着伞往外跑。出于好奇，这位管理者开车跟了过去，结果他发现 M 公司的这些经纪人分为两批，一批是去给小区的保安撑伞（因为该小区没有保安亭，保安就站在遥控杆边上），另一批则跑到没带伞的业主和客户那里，将他们一个个送回了家，或是把伞送给那些路途遥远的客户。

服务乍一看上去是一个宏大的课题，具体实施起来却非常简单，一把伞、一杯茶，甚至一句问候的话，都有可能成为斡旋成功的要素，关键就在于是否用心。我们一直强调斡旋是心灵的碰撞，服务又何尝不是呢？经纪人是敷衍还是用心，业主和客户怎么会分辨不出来？一把伞的差别积少成多，很可能就会影响到一个团队甚至整个门店的价值，进而影响整个公司在业主和客户心中的形象。

在培养客户黏性的问题上，整个房地产经纪行业都面临着一个问题：经纪人与业主的接触机会很少。在有限的沟通中最大化地拉近经纪人与业主的距离，是管理者需要重点引导的点。为此，我们总结出了三个主要的引导方向。

第一，拉长经纪人单次与业主接触的时间。

> 一把伞、一杯茶，甚至一句问候的话，都有可能成为斡旋成功的要素，关键就在于是否用心。

既然接触机会少，那就把握住每一次机会，进行更深入的接触，这是一个自然而然的逻辑。在经纪人通过第一次或前期的斡旋获得业主的信任后，后续的每一次接触，都应当依据之前获得的汇总信息进行更深一步的沟通，尽最大努力发掘有价值、有意义的信息。

第二，提高与业主的接触频率。对这个问题，很多房地产经纪公司和管理者都存在一定的误解，他们认为，多位经纪人轮流与同一位业主交涉是更好的方式。其实，与业主斡旋这件事，人海战术并不一定适用，有时候反而导致更难获得业主的信任。假如门店内部管理、沟通不畅通，就会导致一些问题被多位经纪人反复提及。如此一来，一是会导致业主产生抵触心理，进而对沟通造成不利影响；二是门店也会因此浪费人力成本和时间成本，事倍功半。

因此，管理者必须明白，此处强调的接触频率是指单个经纪人或固定团队与业主的斡旋。比如链家主张的是"组对盘、人对楼"，具体方法就是一个经纪人负责维护一栋楼，实施一对一服务，公司内部的其他经纪人或团队不允许介入。如果其他人录入了该楼的房源信息，也要在24小时内主动推荐给该经纪人。因为在链家的理念里，这位经纪人深耕于此，必然比公司的其他人更加熟悉。而且，经纪人与业主单线联系，可以避免因为多方接触而导致的信息错乱问题，同时，接触效率和质量也能得到保证。

第三，及时就业主关心的问题进行沟通。作为业主的对接人，经纪人要在第一时间将带看状况真实地反馈给业主，这是一种有意义且有必要的沟通方式。客户的评价、反应以及是否有意向等情况，更要着重地向业主汇报清楚，这是很多业主都感兴趣的点。管理者在这个过程中应当做好监督和督促工作，避免经纪人出现吊单、拖单等状况，而且一定要保证经纪人传达的信息准确和真实。

链家的一位管理者曾在业主家遇到这样一件事。一位同行M公司的经纪人找到这位业主，递给他一张纸条说："李先生，我们这周一共带了七位客户去看您的房子。第一位客户出了×××的价格；第二位出了×××的价格；第三位在附近上班，为了方便所以有意向要买您的房子；第四位因为×××没有考虑；第五位、第六位、第七位……"他把所有带看客户的情况以及详细的分析结果都及时且详尽地汇报给了业主，而且是大老远地专门跑了一趟。业主因为他的这一举动十分感动，对他的工作态度和工作能力都非常认可。这位经纪人的做法令链家的管理者感受颇深,他马上在链家的团队中进行了分享,并号召大家学习。

3. 学会替业主、客户拒绝

作为斡旋的中间人,经纪人要做到不偏不倚,以中立、客观的态度推进斡旋的进行。然而,如今市场中更为常见的场景是,在斡旋的最后阶段,当业主和客户因为存在价差僵持不下时,为了达成最后的签约,有些经纪人会想尽办法向业主或客户施压,让他们再降一降卖价或抬一抬买价。如此操作或许能够促成某一单的成交,但必然会给双方留下负面印象,进而影响公司的口碑。因此,学会在适当的时机帮助业主和客户做拒绝反而能获得他们的认可和信任。

链家的一名经纪人手中有一套房源,报盘价560万元。在斡旋的最终阶段,其他盘的经纪人约谈这套房子,这名经纪人便陪同业主赴约谈判。会谈进展得并不顺利,当对方客户给出自己的报价后,该经纪人直接起身带着业主离开了谈判桌。事后经纪人向业主解释,对方的报价只有450万元,远低于业主的报盘价,

> 作为斡旋的中间人,经纪人要做到不偏不倚,以中立、客观的态度推进斡旋的进行。

明显购房意愿不是很强。而且超过20%价差的单子本身就很难谈，再聊下去大概率也是浪费时间。

从案例中业主的角度来说，经纪人无疑是在维护业主的利益，而且行动和态度都十分坚决，是跟业主站在同一条战线的，是值得信任的。当然，拒绝的前提是对方没有斡旋意向，给出的价格、条件远远低于可接受的范围，在这种情况下，理性、有实际意义地替业主和客户拒绝才能利大于弊。千万不能把"替业主、客户拒绝"做成歪门邪道，为了拒绝而拒绝，这样做必然是百害而无一利的。

4. 做好深度面访

面访的重要性是不言而喻的，做好深度面访是经纪人必须高度重视的事情。除了具体的操作，管理者还应当向经纪人讲清楚面访的一些注意事项。

第一，一次有深度的面访不应该在业主或客户家里，也不应该在门店，而应该另寻一处合适的场地开展。

第二，在接触时，不要直接切入主题，而是可以从业主、客户的生活、工作状况、兴趣爱好等角度入手。因为这些话题不会让双方的精神紧绷，而且可以更好、更全面地建立对业主或客户的认知。已经有无数的真实案例证明，对业主、客户的认知多一些，斡旋的主动性就会强一点，成功率也会大一点。

第三，不是所有的业主、客户都需要经纪人花费大量的时间和精力去面访和维护。比如，面访之后明确表示不卖或不买、面访之后涨价或降价，或是直接放经纪人鸽子的，这些表现都足以说明业主或客户成交的意愿不是很强，继续跟进的价值和意义并不大。通过面访主动甄别、定位业主和客户，经纪人才能把最主要的精力和资源倾斜到更有服务价值的业主或客户身上。

以上就是经纪人与业主、客户斡旋的四部曲，也是主动出击获得他们信任和认可的五种行之有效的方式。但是，方法论归方法论，具体实施时效果如何，还需要经纪人脚踏实地地深耕商圈，在实际场景中展现出作为置业顾问的专业与真诚。当然，管理者的用心教导和监督也是必不可少的。

斡旋的四大误区

成交是斡旋的最终目的，也是每个经纪人

的心愿，但同时成交也是一个漫长的信任积累的过程。它的成功依赖于经纪人、业主和客户的共同努力，三者缺少任何一方，斡旋成交的逻辑都走不通。

作为服务方来说，房地产经纪公司和经纪人往往更加主动、积极，比其他两方有更多的功利性。不过，有时候可能就是因为这一点功利性，使一些经纪人斡旋时忘记了"以专业服务换取价值"的初心，行事急切，生硬地向成交推动，导致失败。目前房地产经纪行业中存在的斡旋误区主要有以下四种，管理者应当以之为鉴，教导经纪人一定要绕道而行。

1. 先有意向客户再斡旋

这一误区也可以理解为斡旋时机把握不准。斡旋无处不在，当经纪人第一次与客户进行交互时，斡旋便已产生。经纪人要增加与业主、客户的交互频次，及时向业主反馈其关心的诸多问题，搭建好双方沟通的桥梁，以此建立与他们的联系和信任。从业主的角度分析，如果经纪人每次都是在有客户之后再与业主进行接触，那么斡旋的目的必然与价格、条件等有关，会让业主觉得经纪人是来为客户当"说客"的。一旦业主产生这种防备心理，斡旋就会变得很难，即使经纪人背后的公司能够为业主提供诸多便利条件、工具，对于最终的成交也是无济于事的。

2. 生硬地推动双方上谈判桌

在很多经纪人的认知里，只要业主和客户同意坐到一张桌子上进行谈判，就意味着双方都有了强烈的成交意愿。其实这个认知是错误的，事实并非完全如此。如果经纪人在前期斡旋中没有消除业主与客户之间存在的种种条件上的分歧，那么斡旋场地在哪里都没有用，结果多半会以失败告终。而且，双方还可能会因为条件分歧过大而产生不满情绪，甚至迁怒于经纪人，认为是经纪人前期工作做得不充分才导致了这一结果。最后，不但交易不成，经纪人和团队的声誉也会受到影响。

3. 反复游说

过去，在房地产经纪行业经常能看到这样一幕场景：业主与客户之间存在一定的价格或其他条件的分歧，经纪人便跑到业主或客户那里，从早到晚，软磨硬泡，反复游说。最终业主或客户中的某一方因为心疼经纪人或是无奈答应降低一些条件,可是另一方仍然无法接受。如此一来,经纪人便彻底失去了一方的信任,也耗尽了他们的耐心,成交便无从谈起了。

从业主或客户的角度来说,房产是高价值标的交易,斡旋时降低或提高的价格动辄以万计,谁也不会轻易地放弃自己的底线。而之所以会有这么多经纪人选择反复游说这条路,说到底还是因为不够专业,前期斡旋工作做得不够深入,对业主和客户的信息掌握得不够全面。前文中提到的"以车位破题"的案例,便是一个值得借鉴的解决方案。

4. 信奉"奇招"

一名合格的经纪人应该具备两个基本素质:一是身正,二是出奇。身正是指经纪人的初心正,为人处世也端正,能坚持对错的底线。出奇不是出"奇招",而是奇在服务上,即做出差异化的服务,如此才能出奇制胜,赢得业主和客户的认可。

很多经纪人之所以会信奉"奇招",是因为他们的初心发生了偏差。而这样的"奇招"即使能赢得成交,归根结底也不过是因为运气好。但房产经纪行业是一个靠运气的行业吗?并不是。我们必须牢记,经纪人成功的唯一前提是

一名合格的经纪人应该具备两个基本素质:一是身正,二是出奇。

用心做好服务，以"正道"取胜。

进入会议室是新一轮斡旋的开始

进入会议室面谈，意味着三方已经就前期斡旋结果达成了阶段性的共识。在这个时间节点上，管理者一定要向经纪人尤其是新人强调，阶段性的成功与最终的成交是两码事。

业主、客户愿意走进会议室只能说明经纪人前期斡旋工作做得很好，并不代表双方一定能达成最终的共识，顺利签约。在会议室斡旋阶段，因为某些条件无法达成一致而导致功亏一篑的案例并不少见。因此，进入会议室只是新一轮斡旋的开始，经纪人一定要摆正心态，继续以同样甚至加倍的努力和热情完成接下来的工作。

一般来说，会议室斡旋的节奏是经纪人先分别与业主和客户单独聊，然后三方坐在一起聊。如果就某些问题或条件无法达成一致，经纪人可以再次分别与双方单独聊，如此循环，直至成交为止。为了使斡旋按照既定的节奏顺利进行，在斡旋开始之前，管理者应当给予经纪人适当的引导，让其（如果是新人，管理者或者团队内的老人应当给予帮助）根据以往的成交

> 进入会议室只是新一轮斡旋的开始，经纪人一定要摆正心态，继续以同样甚至加倍的努力和热情完成接下来的工作。

经验起草一份尽量详备的"沟通计划",有的放矢才能更好地应对接下来的斡旋。

一份优秀的"沟通计划"应当囊括以下几个关键点。

1. 单独斡旋须注意的事项

之所以经纪人要先分别与业主和客户进行单独谈话,是因为斡旋进行到这一步,三方肯定都希望能达成最终的共识,完成交易。此时经纪人分别与业主和客户单独沟通,可以发掘出更多、更真实的需求和问题,有的放矢地对后续的斡旋进行引导,使双方先就这些方面达成一致。经纪人要做到及时发现问题、解决问题,以避免出现业主和客户意见对立的局面。最主要的是,在单独沟通时,经纪人可以与业主、客户探讨价格等敏感问题。比如与客户确认,如果能谈到合适的价位,是否确定购买,这是一个极为关键的确认,它能使经纪人获得努力斡旋的动力,同时也能充分体现出经纪人斡旋的价值。

当三方真正坐到同一张桌子上时,作为提供服务的一方,经纪人掌握的信息最全面,对整个局势的走向看得也最清晰明朗,所以经纪人要承担起把握斡旋节奏、引领斡旋进程的责任。比如，经纪人应综合考量已经获取到的信息，将市场价、周期、家具家电等可能会涉及的问题，按照迫切程度分为不同的等级，并把其中最难啃的一块骨头先抛出来。如果最难的问题能够达成共识，其他的问题和条件自然也就不成问题了。

2. 经纪人须树立正确的斡旋态度

在斡旋时，经纪人除了要具备专业能力与素质，还要树立积极正确的斡旋态度。链家的一位培训导师曾总结，经纪人在斡旋时应做到以下三点。

第一，在与业主、客户交流时，一定要全程保持微笑。身为服务行业的从业人员，给业主和客户良好的服务体验是最基本的职业素养。

第二，为了更好地引导斡旋的节奏，经纪人在讲话时一定要有张力、有力度，这样才会使业主和客户更重视经纪人抛出的观点和想法，而不是只将其视作可有可无的建议。

第三，要有耐心。虽然前期已经做了不少内容和情感上的铺垫，但房产交易毕竟不像买一瓶水或买一斤水果那么简单，不论是业主还是客户肯定会综合考虑方方面面，力求做到周全、万无一失，如此一来必然会耗费大量的时间。所以，斡旋不只是心理、能力的比拼，也是定力的比拼。这一点在某种程度上也反映了行业内一些经纪人的工作状态，很多人为了一个单子从早上熬到深夜，最终只因为欠缺一丁点儿耐心而导致前功尽弃，实在是令人遗憾。其实事后对这些案例进行分析就会发现，如果经纪人当时能站在业主和客户的角度思考问题，再多一点耐心，很多单子都能达成成交。

3. 主辅斡旋人的配合

主辅斡旋人的配合是对团队配合默契程度的考验。通常来说，主斡旋人的主攻方向应该是专业知识、斡旋节奏等核心问题，旨在获得业主、客户的满意和认可，促成成交。而辅斡旋人则需要时刻跟随主斡旋人的洽谈节奏，在必要的时候进行纠正或补充。虽然名为辅斡旋人，但其实工作一点也不轻松，而且也必须具备充足的能力和经验。

增进人物彼此的好感度也是辅斡旋人的主要职责，此处的"人物"包括业主、客户以及参与斡旋的团队内部成员，目的是通过增进斡旋参与者对彼此的好感度，营造一种有情感温度、轻松舒适的会谈氛围，使业主和客户放下对彼此、对经纪人的心理防备,让会谈更加顺畅地进行下去,直至最终成交。

如果从公司的角度来说,此时还应加上对公司的宣传。严格来说,每一笔交易、经纪人的每一次斡旋都是对公司品牌形象和价值的宣传,反过来,公司的强背书也能给经纪人斡旋提供巨大的助力。因此,主辅斡旋人在交易之外宣传公司的品牌价值是非常有意义且有必要的。

按照以往的经验,斡旋"沟通计划"最大的作用不是面面俱到,毕竟经纪人无法预知业主和客户可能提及的所有问题和条件,也无法预见斡旋过程中可能发生的所有场景并一一制订出解决方案。换言之,会议室里的斡旋根本没有预先设定好的剧本,经纪人只能依靠自身的职业素养和团队的力量随机应变,推动斡旋的展开。事先制订"沟通计划"最主要的作用在于安抚经纪人,使其以一种"有备无患"的心态,更加镇定、从容地进行斡旋。

关于会场上可能出现的种种场景,管理者应该提醒经纪人多做记录,多做总结。因为有些场景无法体现在纸面上,却可以印在经纪人的心里,这是市场经验、斡旋经验、能力等因素增长的支点。经验积累的多少往往直接决定

事先制订"沟通计划"最主要的作用在于安抚经纪人,使其以一种"有备无患"的心态,更加镇定、从容地进行斡旋。

一名经纪人的斡旋能力和会场把控能力。

链家的一位培训导师曾经对会议室斡旋的五种较为典型的，或者说需要管理者特别强调的场景、难点进行了总结。

1. 找到最合适的斡旋人

对于斡旋人来说，职业素养、斡旋能力等都是默认应该具备的最基本的要求，在此不多做赘述。此处强调的"合适"，更多指的是气场、性格、三观等相对模糊的概念，简单地说，就是聊得来。

在很多经纪人看来，置业顾问只要足够专业、足够用心，就一定能够获得业主和客户的认可。从理性的角度来说，这种观点无可厚非。然而人是一种复杂的动物，情感的、非理性的因素在斡旋时往往会发挥很大的作用。尤其是在房产这类高价值商品交易的最后斡旋时刻，三方的精神都会处于一种紧绷的状态，如果经纪人与业主或客户"聊不来"，必然会给斡旋增加一定的难度。比如，如果客户是一个慢性子的人，说话做事都不急不忙、有条不紊，而斡旋人却是一个急脾气的人，心急火燎地推着客户前进，这就很容易引起客户的反感。在这种情况下，斡旋人一定要努力适应并跟随客户的节奏。再比如，面对一个善谈的客户，斡旋人必须在让客户充分表达自己观点和想法的前提下，控制斡旋的主题、节奏，避免整场会谈的目标发生偏离。如果斡旋人的控场能力不强，任由业主或客户天马行空地按照自己对市场的理解发挥，斡旋大概率会以三方无法达成共识而告终。

在面对面斡旋的场景中，经纪人更应该学会换位思考，从业主和客户的角度出发，思索、营造三方都能接受的合适的斡旋节奏和会场氛围，努力成为那个最合适的斡旋人。

2. 剔除影响斡旋的场外因素

一般而言，在面对面斡旋环节，需要业主与客户集中交流沟通的问题、条件往往是环环相扣的，彼此之间存在着很强的耦合性。因此，经纪人应当努力保持整场会谈节奏的紧凑性和连续性，尽量在斡旋开始之前就剔除可能影响进度的场外因素。比如，经纪人及其团队应当合理地安排项目时间，避免在会谈时受到其他项目的影响。再比如，经纪人应提前将本次斡旋需要的资料准备齐全。管理者应当向经纪人着重强调这一点：如果频繁地进出取材料，很可能会给业主和客户留下不专业、不负责、不用心等负面印象，同时也会破坏斡旋的连续性和节奏。此外，保持会场的干净、卫生、安静也是作为服务方义不容辞的责任和义务。

还有一种情况管理者要提醒经纪人注意，就是如果客户或业主是带着孩子来的，经纪人可以单独提供照顾，比如，可以找一个有空闲时间的同事专门负责照看孩子，给孩子准备一些小玩具、小零食等。否则，如果家长因为要照顾孩子而分心，整个谈判的节奏、氛围和进程都会受到影响。

3. 辨识主决策人

所谓主决策人，主要指的是客户方主导决策的人。绝大多数业主经过前期的沟通、斡旋，对于想要与什么样的客户进行交易已经有了较为清晰的基本认知。但客户除了要甄别业主，还要选择房源以及对延伸出来的诸多问题和条件进行考虑权衡，主决策人的作用就是在就这些问题和条件进行斡旋时一锤定音。在斡旋时，当主决策人说出"回去再考虑考虑""再商量商量"之类的悬而不决的话语时，经纪人一定要趁热打铁，及时打消他们的顾虑。因为"考虑"多了，"商量"多了，就容易出现变故，不利于最终的成交。

第二章 无处不在的斡旋

如果客户方只有一个人，谁是主决策人自不必多说。如果客户方是多个人，该如何从中辨识出主决策人并重点沟通呢？新人或者经验不足的经纪人可能很难通过短时间的接触分辨出来，这就要求管理者或团队内的老员工给予一定的培训和经验支撑。

需要提醒的一点是，主要参与斡旋的人，或是与经纪人交流最多的客户并不一定是主决策人。千万不能因为沟通得多了，就理所当然地认为谈话人的意见和观点就是客户方最终的决断。经纪人要在斡旋时，或者在前期带看的接触中，学会观察对于一些关键问题，到底是客户方的哪一位在做最后的决定。

4. 如何应对客户的"军师"

客户方有一个非常特殊的角色需要特别分析，就是"军师"。

"军师"通常是客户的朋友。这个角色之所以存在，原因是多种多样的，可能是因为他有过相关的购房经验，也可能是他对房地产经纪行业比较了解，甚至有可能他本人就是房地产经纪行业的从业人员。关于"军师"的身份定位，管理者一定要督促经纪人在第一时间发掘出来，因为它关系着经纪人以何种姿态、采用

> 主要参与斡旋的人，或是与经纪人交流最多的客户并不一定是主决策人。

什么样的斡旋技巧与客户打交道。

假如"军师"对房地产经纪行业非常了解，而且经验丰富，经纪人应当注意少输出专业性的信息，多打感情牌。如果"军师"有被不正规的房地产经纪公司坑骗过的经历，经纪人可以多宣传自己公司的品牌强背书和雄厚实力，减少客户的后顾之忧，增加其交易的信心。

虽然现实中情况多种多样，但也存在着不变的应对策略。

第一，要充分重视"军师"的存在。虽然这类角色大多是客户的朋友，不会直接参与最终的决策，但毫无疑问他们的意见和建议会直接影响客户的判断。对于这类有重大影响力的人物，管理者一定要提醒经纪人充分重视，比如链家会派遣专门的人员与"军师"对接。

第二，赢得"军师"的信任和好感。管理者需要让经纪人明白一点，"军师"的存在证明了客户对经纪人的信任度不够，所以才会多带一个有相关经验的人帮助其甄别、筛选信息。此时，经纪人可以根据前期了解到的"军师"的信息或痛点，有针对性地出击，赢得"军师"的信任和好感，这样也可以间接地增加客户的信任度。经纪人还要认识到，客户带"军师"来参与斡旋，也变相地表明了客户想要成交的意愿和决心。因此，一定要把握客户这一心态，推动成交。

第三，突出"军师"的价值。为什么要特意强调"军师"的价值？最主要的原因还是在于这一角色的特殊性。当一个人被朋友认为经验丰富或者专业知识充足，到了斡旋现场，他必然会在一定程度上展现自己的价值。如果"军师"被经纪人忽略，他就有可能站到对立面，针对经纪人的观点提出不同的看法。在这种情况下，经纪人的后续工作必定会受到影响。如果经纪人能主动为"军师"提供展现自己价值的机会，则更容易获得"军师"的好感，降低双方形成对立的可能性。同时，这也有利于经纪人加大与客户斡旋的深度，掌握更多的信息和主动性。具体操作时，可以通过烘托形象的方式进行。比如在"军师"抛出某些观点后，经纪人明确地表示认可，并对客户说"您朋友讲得真专业""您朋友提出了一个很好的角度""您朋友眼光真准"等。

5. 斡旋氛围

从业主和客户的角度来说，如果经纪人不主动加以干预，他们很可能会以"卖方"和"买方"的角色代入斡旋之中。而买方和卖方在本质上是钱物交易关系，是客商关系，在传统认知里，两者存在着天然的对立性。

因此，管理者一定要提醒主辅斡旋人主动营造一种轻松舒适的氛围，尽最大可能弱化业主和客户的对立心理。同时，良好的氛围也能有效降低业主、客户对经纪人的防备与戒心，有利于斡旋的顺利开展。

以上五点是经纪人在进行会议室斡旋时应当特别注意的。值得强调的是，即使是最资深的经纪人，也无法保证每一单都能谈成，失败是一件很正常的事情。管理者或是团队内的领导者应当注意保护经纪人尤其是新人的心态，帮助他们认识到：一次失败并不可怕，认为自己无法成功才可怕。

除了抚平心态，管理者还要培养经纪人回顾、总结失败经历的习惯，学着多问自己一些问题，多挖掘深层次的原因：是周期、价格没谈拢，还是经纪人对业主、客户了解得不够透彻，或是同行搅局等其他突发情况的发生？每一种原因的背后都潜藏着巨大的价值，这些价值是经纪人成长之路上的巨大财富。

> 即使是最资深的经纪人，也无法保证每一单都能谈成，失败是一件很正常的事情。

第三章

打造金牌团队

在市场上的各个细分行业、领域中，上至公司，下至每一个具体的工作岗位，方方面面都离不开"团队"二字，单打独斗可闯出一片天的时代已经一去不复返了。而且，如今的职场体系分工精细，各个环节相互交错、相互促进，耦合性极高。缺失任何一环，效率都有可能大打折扣，严重时甚至还会造成整个体系的"宕机"、停滞。房地产经纪行业尤为如此。

从后端维护房源和客户数据的技术人员、将房屋布置提供给"VR看房"的开发人员以及行政、人事、财务等人员，到直接面向市场的一线地推、经纪人等，是一套从后到前环环相扣的、具有缜密逻辑的人员架构。如果没有后端的技术人员，各种数据只能用手写笔记的方式记录，效率会降低到何种程度不言而喻；如果没有一线的服务人员，数据似乎就变成了一堆没有实际意义的符号……总之，个人与团队、团队与团队之间紧密合作，才能使个人的努力获得更大的意义，创造更大的价值。

当然，单就房地产经纪行业说，各个团队中又以经纪人团队最具行业的差异性，也更值得经纪公司多倾注一些力量和资源。因为，一个金牌经纪人团队（简称金牌团队）能够实现公司市场竞争力的最大化，为经纪公司的成长提供最大的动力。

> 个人与团队、团队与团队之间紧密合作，才能使个人的努力获得更大的意义，创造更大的价值。

团队大于个体的总和

搭建一支常规的经纪人团队十分容易，只需要招聘三五个人便可以了。想要搭建一个合格的、具有市场竞争力的团队却不容易，因为团队中的成员应当具备一定程度的专业知识和市场实操经验，不能全是白纸一样的新人。至于所有经纪公司都向往的金牌团队，大多数情况下是很难通过招聘搭建的。金牌团队如同一块璞玉，需要管理者不断地教导、指引，树立团队奋斗的方向，也需要市场的打磨以及时间、经验的积累。

积跬步，方能至千里。当所有团队成员都成长为能独当一面的人才时，这样的团队才算得上"金牌团队"。

三位一体建立你的团队认知

该如何理解团队呢？它是经纪人成长的动力源泉、日常工作的支撑点，还是公司在市场上攻城略地的利器，抑或是经纪公司市场竞争力的具体表现？其实，在深入思考了这些问题后，我们可以得出一个结论：我们无法从某个单独的视角去理解团队的含义。但从另一个层面来说，优秀的团队之所以具备超强的战斗力，最根本的原因在于其成员都能称得上优秀，而且彼此之间合作无间，对遇到的各种困难和问题都能找到切实有效的解决方案。

"一头狮子带领的一群绵羊可以打败一只绵羊带领的一群狮子"，拿破仑的这句名言妇孺皆知，其中的道理也浅显易懂。虽然在新时代、新认知的大背景下，这句话并不能准确地概括商业环境中所有团队的实际情况，但是它所透露的一个道理却经受住了时间的考验，且历久弥新，即管理者对于一个团队来说是极为重要的。

在房地产经纪公司中，从技术团队、后勤团队到经纪人团队遵循的是从后到前的逻辑，而一个优秀的顾问团队遵循的则是从上到下的逻辑。从门店管理者到团队领导者，再到一线

> 管理者对于一个团队来说是极为重要的。

的经纪人，从上到下形成了一个紧密相连的链条。想建立对团队全面有效的认知，必须从这三种角色入手。

1. 管理者为团队指明方向

管理者犹如团队的大脑和眼睛，他需要在云谲波诡的市场环境中发掘、思考并找到适合团队的道路，为团队中的每个人指明方向，带领大家一起努力奋斗。在具体操作层面，管理者要以公司宏观战略方向为基准，以团队综合能力提升为推动方向，以市场需求为最终目标。

如果深入思考，我们会发现这三大因素有一个共同点，即有很强的时效性，可能会在很短的时间里发生剧烈的变动。因此，在变动中维持经纪公司、业主和客户三者的稳定，就是管理者寻找方向时的关键点。

需要强调的是，在真正制定发展规划之前，管理者应当想明白一个问题：我们为什么一定要沿着某个具体的方向奋斗，而不能守着手中的市场，安稳地深耕眼前的商圈？

首先，房产经纪行业是一个竞争极为激烈甚至残酷的行业，"安稳深耕"一词根本无从谈起。

其次，正是因为竞争残酷，所以根本不会存在"手中的市场"。可能今天我们能牢牢把握一块市场，明天呢？后天呢？更有甚者，如果不小心失去了业主或客户的信任，下一刻我们就会失去这个市场。

最后，之所以需要一个方向，是因为所谓的方向，从某种角度理解就是时代、市场发展的趋势。只有紧跟时代的脚步，我们才不会被淘汰。诺基亚就是最好的例子，它一度被誉为"机皇"，创造了一个个神话机型，曾经连续11年销量全球第一。然而，后来诺基亚的理念逐渐落后于时代潮流，以至于一步步走向衰退。诺基亚没有做错什么，只是不再被时代所需要。而在房地产经纪行业，没做对就是错的，不被时代和市场需要就无异于被淘汰。这也是市场竞争的残酷之处：不进则败。

2. 团队领导者要做到承上启下

团队领导者相当于人的躯干，有承上启下的作用。一般来说，门店中的团队领导者大多是从基层晋升上来的，他们拥有多年积累下来的丰富的市场经验，综合能力也经受过一线实战的考验。但只具备这些专业素质和能力是远远不够的，一位合格的团队领导者还应做到以下两点。

第一，对上辅助管理者。与团队领导者相

比，门店管理者最大的不足就是离一线市场较远，无法亲自深耕一线商圈，不能及时获取最接地气的信息，所以他们很难独立完成研究解读市场趋势的工作，而这正是团队领导者的优势所在。因此，团队领导者要辅助管理者，帮助管理者制定合适的发展方向，在这个过程中，团队领导者自身的能力和经验也可以得到最大化的发挥。

第二，对下教导经纪人。一名优秀的经纪人应具备三方面的能力，分别是沟通能力（或者说情商）、专业能力和市场经验。

沟通能力虽然在很大程度上取决于个人的天赋，但后天养成也很重要。即使是沟通能力较弱的人，如果能够设身处地站在客户、业主的立场看事情、听事情、感受事情，也能与业主、客户建立情感联结。

专业能力与沟通能力正好相反，必须经过培训才能更快速、更有效地获得。团队领导者除了要向经纪人传授最基本的专业知识之外，还应教一些以具体场景为依托的实用知识，如本商圈的特点、某小区业主最关切的问题等。

市场经验要靠经纪人自己努力深耕商圈，慢慢地学习积累获得，这是毋庸置疑的。但如果领导者能够围绕一些具体场景向经纪人传授实际经验，就可以让经纪人不走或少走一些弯路，节省学习成本。

3. 经纪人是团队中的重要元素

经纪人是团队的四肢，也是团队构成中最接近市场一线、数量最为庞大的群体。团队是自上而下的逻辑，管理者制定的策略方针、规划的市场发展方向等，最后的落脚点都是经纪人。因此，想要做到"四肢协调"，管理者一定要保证经纪人在接收到指令后，做到以下三点。

第一，理解。所谓理解，最简单的含义是明白要做什么以及怎么做，再深一层的含义是明白为什么要这么做。经纪人与流水线上的工人不一样，不能死板教条，要根据面对的不同客户或业主、不同房源以及不同场景随机应变。而经纪人做到灵活处理的前提之一就是明白自己在做什么，以及为什么要做。

第二，执行。令行禁止应该是一个团队中所有成员都应该具备的基本素养，如果经纪人嘴上一套背后一套，天天阳奉阴违，那么团队就失去了意义，自然也就不会有市场竞争力。当然，执行还要看效果，它体现的同样是团队的市场竞争力以及经纪人个体的能力。

第三，总结。培训大多是在执行之前，总

结或者反馈则是在执行之后。经纪人是一个极为重视市场实战经验的职业,经验从何而来?一方面是在与客户、业主打交道的过程中积累而来的,另一方面是通过总结得来的。管理者在团队的总结会议上,或者一对一指导某位经纪人时,要引导他们认真思考总结自己失败在哪里,有哪些教训,他人的成功有哪些值得学习的地方,等等。

管理者、团队领导者和经纪人这三种角色之间的关系是大脑发出指令,眼睛瞄准方向,而后躯干带动四肢。三者通力合作,形成一个和谐稳定、休戚与共的整体,团队才能高效地动起来、跑起来。

成熟员工的六大能力模型

如果把团队比喻成一辆不断前进的列车,那么它的发动机或者动力源泉有两个。一是牵引着列车前进的使命和愿景,这是市场中许多商业大佬和明星公司都在强调的一点,其重要性不言而喻。使命和愿景是管理者需要重点思考和决策的因素,它能决定团队前进的方向。二是利益分配,它是在后方推动列车前进的一股力量,更为接地气,主要作用于一线员工。

> 管理者、团队领导者和经纪人这三种角色之间的关系是大脑发出指令,眼睛瞄准方向,而后躯干带动四肢。

从团队内部来看，使命和愿景高高在上，利益分配则是每个员工都关心的最基本的问题，两者之间似乎存在一种天然的对立性。正确处理两股力量的对立与统一，显得极为重要。如果管理者只关注前方的使命和愿景，一味地好高骛远，很容易与后方力量产生分歧，导致内部出现分裂。同样，如果管理者只关注后方的利益分配，却没有用长远的目标对经纪人加以引导，团队也很可能成为一盘散沙，无法取得长足的进步。

但是，如果站在经纪人的角度去思考两者之间的不同，就会发现它们的重要性有很大的差别。对公司、团队的使命和愿景，经纪人肯定有所了解，但大多仅限于知道，没有太深的印象，理解但并不透彻。相对来说，他们更在意的是利益分配。所以，如何在使命和愿景与利益之间找到一个平衡点，并将它融入一线经纪人团体中，是亟待管理者解决的问题。

链家的一位管理者曾经从OKR（Objectives and Key Results，目标与关键成果法）的角度解读过使命和愿景、利益、经纪人三者的关系。他认为，如果将使命和愿景视为O，将利益视为KR的话，那么经纪人的能力模型就是承前启后、连接使命和愿景与利益的重要一环。

就房地产经纪行业而言,一个成熟的员工能力模型应当包含以下六大能力。

1. 强抗压能力

房地产经纪行业的激烈竞争决定了经纪人是一个压力很大的职业。一名经纪人如若不具备强大的抗压能力,是不可能在这一行坚持很久的,业绩上也必然会落后他人一大截。

2. 一锤定音的能力

一锤定音的能力是指当项目出现问题或者陷入困境时,经纪人能以一己之力或借助他人之力破局。比如当斡旋陷入僵局时,有一锤定音能力的经纪人能根据自己的经验找出破局点,推动单子成交。这一类人多为经验丰富、实力强劲的老员工。

3. 持续作战能力

持续作战能力是抗压能力强的一种表现,意味着长时间保持有效的工作状态,有业绩或成果的输出,而非一味地埋头苦干却不见成效。有上进心、愿意奋斗的经纪人大都具备这一能力。

4. 后勤辅助能力

人事、财务、行政等都可以归入此列，他们让冲锋在前的经纪人无后顾之忧，不用担心场地、工具等斡旋因素出现差错。

5. 问题解决能力

会议室斡旋时的主斡旋人往往具有很强的问题解决能力，他们可以在业主和客户之间游刃有余，逐个解决对方抛出的问题，不会让斡旋陷入僵局。

6. 业务层面的综合能力

这种能力也可以称为"备份"能力。具备这一能力的人不仅有强大的专业能力和丰富的经验，而且对经纪人的一整套业务流程也十分熟悉，精通其中的每一个环节。如果当前团队出现问题，管理者能够以这类人为范本、为导师，快速搭建起另一个团队。

一个团队想要具备强大的市场竞争力，前提是成员具备强大的能力，且彼此之间能够相互补充、相互成就。这六种能力就如同一个木桶的六块板子，缺少其中任何一块，使命和愿景都是空中楼阁，根本无从谈起。因此，管理

> 一个团队想要具备强大的市场竞争力，前提是成员具备强大的能力，且彼此之间能够相互补充、相互成就。

者应当以成熟员工的能力模型为参考，有目标、有指向性地搭建团队或者培养团队。也只有这样的团队，才能串联起门店的前与后，使其形成真正的整体。

手把手教你搭建金牌团队

梳理清楚金牌团队的脉络之后，接下来要做的就是以此为依据搭建团队。这是诸多房地产经纪公司都想做或是已经在做的一项工作。俗话说，知易行难，明晰了其中的关键所在并不代表一定能够培养出一个优秀的团队班底，有了不错的班底也不意味着它一定能够成长为真正的金牌团队。管理者应当明白，从最基础的人才选拔到经纪人能力的培养、经验的积累，都需要投入大量的时间、资源。即使刨除这个过程中的一些不可控的市场因素，比如政策、大环境的变迁等，金牌团队是否能够真正成型，以及最终的市场竞争力究竟如何，也都是一个未知数。

从另一个角度来说，"难"也恰好印证了金牌团队的价值。房地产经纪行业之所以竞争激烈，正是因为存在诸多不可控因素，如政策、环境和趋势的变化，很多跟不上这一变化节奏的从业人员因此被淘汰。而金牌团队之所以是金牌团队，就在于他们拥有足够的应变能力，可以不断地自我迭代，从容地应对种种新环境、新问题。

具体来说，想要搭建一个金牌团队，管理者要从以下六个方面入手。

1. 明晰方向

华为有很多经典的企业文化，其中，有一条极为特殊的以神话人物为背景的价值观，叫作"丹柯之心"。它的核心主旨是，在遇到困难时，管理者应当身先士卒，以自身的能量为整个团队指明前进的方向，带领团队走出困境。当然，不论团队是身处困境之中，还是奔跑在发展的道路上，指明方向都是非常重要且必要的，这是管理者的职责，同时也是管理者必须具备的能力。

房地产经纪行业是一个特殊的行业，其中每个公司的市场竞争力、影响力都是其所有门店、所有经纪人的竞争力、影响力的总和。反过来说，管理者在明确门店的作战方向时，还应聚焦公司的宏观战略和策略，以增益公司品牌为己任。

除了公司整体的战略，还有两个影响团队

> 管理者在明确门店的作战方向时，还应聚焦公司的宏观战略和策略，以增益公司品牌为己任。

方向的因素，分别是团队综合能力培养的侧重点和市场需求。其中，团队综合能力指的不是如何培养经纪人，而是对管理者和团队领导者的要求，主要有以下两点。

第一，发掘团队成员的能力和天赋，对他们进行人才分类。

第二，专才专用。虽然市场对每个经纪人的要求大体相同，各个房地产经纪公司也都是基于大体相同的要求搭建培训系统的，但人的能力和天赋毕竟不尽相同，因此在日常工作中，利用好各个经纪人的能力优势，做好经纪人的差异化管理，是十分关键的胜负手。

此外，团队还要以市场需求为最终目标。房地产经纪行业属于服务业，服务好业主和客户是每个从业人员及其团队的最终目标。

2. 人才系统

人才是团队目标最主要的支撑点和推动力量，在明确了合适的方向之后，管理者接下来要做的就是安排合适的人才去执行并实现目标。与一般的技术性人才相比，优秀的经纪人更加可遇而不可求。因为在这个岗位的能力拼图中，专业能力仅占 1/3 的比重，占另外 2/3 的沟通能力和市场经验是很难通过学习和培训直接获得的。而且，房地产经纪行业本身就是一个人员流动性极大的行业。所以，对团队来说，要想在一片乱局中搭建一套成熟稳健的人才系统，不断增强现有经纪人的能力，以及持续输送新鲜血液就显得尤为重要。

总的来说，一套成熟稳健的人才系统应当包括以下三个环节。

（1）人才的招揽

招聘对于任何一家公司来说都是永恒的话题，从业人员总是会因为各种各样的原因加入一个团队或离开一个团队。同时，招聘也是一项复杂的工作，面试官很难通过一两次沟通全面地认识一个人。或许某个人在某方面能力出众，但到了实际的工作环境中，能否将能力充分发挥出来，能否完美地融入团队，都是一个未知之数。即使是从其他公司招揽而来的、能力已经有目共睹的人才，也存在能否与现有团队融合、配合的疑问。因此，我们才会强调：实践是检验真理的唯一标准。

（2）培训

从市场上招聘到优秀的人才需要运气，但是将招聘到的人才培养成能独当一面的优秀经纪人，则要看公司的主观意愿，即是否愿意付出人力、物力、时间和精力去用心培养他们。在房地产经纪行业中，绝大多数成熟的公司都已经建立起一套从前到后的完整的培训体系。相应地，如果深入分析市场份额，我们会发现，大部分市场正是由这几家头部公司把持的。只有培养出足够多的优秀人才，才能获得更高的市场占有率，这是一个水到渠成的逻辑。

一套成熟的培训系统涵盖了经纪人的各方面能力，就专业而言，应当包括数据支撑、案例分析、趋势解读三个方面。

数据支撑。真实有效的数据永远比空口白话更有说服力，也更能赢得业主、客户的信任。在实际工作中，以数据换信任的案例不胜枚举。因此，管理者应当注重数据的积累与应用，比如链家打造了一个庞大的数据库，供公司内的每一名经纪人参考学习，帮助他们快速成长。

案例分析。案例与数据具有同样的作用，只不过案例更加直接。在经纪人尤其是新人完成一个单子后，管理者或团队领导者要及时跟进，与他们一起分析成功或失败的原因，找出经纪人的不足加以指正，对做得出色的地方给予夸奖。因为是亲身经历，所以经纪人印象会更深刻，对管理者的分析也更容易理解和接受，成长得也会更快。但案例有很强的时效性和地域限制,可能类似的情况换个时间、换个商圈就会得出截然不同的结论,管理者在教导时,应当特别注意这一点。

趋势解读。解读行业趋势和市场走向有助于经纪人准确地把握业主和客户的心理,从而在斡旋中占据主动。但趋势是一种虚无缥缈的知识,想要把握趋势本不是一件容易的事情,做出准确的判断更是难上加难。如果没有足够的知识和经验,经纪人对趋势的解读大多只能通过管理者的传授获取。为了帮助经纪人理解,管理者在教导与趋势有关的知识时,应当辅以具体落地的案例。

（3）团队内文化价值观的建立和统一

文化价值观听起来是一个特别宏大的命题,比如各大明星公司倡导的企业文化,大多非常高大上,但实际上我们也可以从一些接地气的角度去理解它,比如以下三个场景。

第一个场景：一个经纪人捡到 1000 元钱,回到门店之后向同事炫耀,然后有人问:"你在哪里捡的,我也去碰碰运气。"

第二个场景：经纪人捡到钱后回到门店说要请大家吃饭,然后挥霍一空,所有人都很开心。

第三个场景：经纪人捡到钱后考虑到失主

解读行业趋势和市场走向有助于经纪人准确地把握业主和客户的心理,从而在斡旋占据中主动。

焦急的心情，决定在原地等候失主。

这三个生活化的场景，可能就发生在你我身边，但它们却折射出三种不同的文化。

链家的一位管理者曾以这种对比告诫链家的经纪人：团队文化价值观的重点不在于听起来是不是高大上，而在于落地时反映出来的精神面貌。他强调，链家的经纪人应该做第三种人，如果一个经纪人能够为一个素未谋面的陌生人设身处地地考虑，那么在与业主、客户的交往过程中，也必然能做到换位思考，为他们提供更多带有情感温度的服务。

由此可见，团队的文化价值观一定要能落地，能够融入经纪人的日常工作中。如果盲目地学习明星公司的企业文化，很有可能会因为经纪人不理解、不接受而导致"南橘北枳"的尴尬局面，诸多创业团队学习华为的"狼性文化"却不得要领就是一个例证。

因此，管理者应当秉持合适、有效的原则，从实际的工作场景和经纪人需求出发，为团队打造真正有效力的文化价值观。

3. 精细分工

当团队的人员配置基本完成之后，管理者

> 团队文化价值观的重点不在于听起来是不是高大上，而在于落地时反映出来的精神面貌。

应当根据实际的商圈需求和各经纪人的能力做精细化的分工。明确分工有很多好处：第一，当所有人都明白了自己的职责之后，可以更加专注于自己的分工，避免团队陷入一窝蜂地去做一项任务的窘境。从另一个角度来说，团队成员各司其职，相互之间又存在紧密的联系与配合，团队的整体效率也会得到极大的提升。第二，如果当某个环节出现问题时，上下游的同事可以给予兜底和帮助，阻止该问题进一步影响到其他环节，同时也能够快速、直接地找到症结所在。

不只是经纪人之间需要有明确的工作划分，门店与门店、大区与大区之间同样需要进行区域范围的划分。我们可以设想一个场景：如果一家房地产经纪公司没有从全局的高度对某个城市的市场进行划分，门店与门店、商圈与商圈、大区与大区之间的责任范围相互重叠，会导致什么结果呢？同一家公司的门店可能会因为某套房源的归属问题发生争执，进而产生隔阂，公司全局的团结与发展会因此受到严重的影响和破坏。而且，区域责任归属权划分模糊不清，也会给管理带来极大的难度，甚至会出现两边都不愿意接手或者两边争着管的窘境。

> 不只是经纪人之间需要有明确的工作划分，门店与门店、大区与大区之间同样需要进行区域范围的划分。

4. 重抓执行

分工之后,管理者要着重抓具体的执行。在管理上经常会出现的一个问题是,管理者做好了详尽的规划和分工,但实际实施的效果与预期却相去甚远。不只是在房地产经纪行业,在其他任何一个行业也都存在这一现象。

在对这个问题进行深入讲解之前,我们先来看一个真实的案例。

链家的一位管理者曾经讲过这样一个故事:

当他还是门店经理的时候,他的团队里有一个入职两年多的经纪人A(入职满两年的经纪人,就已经称得上经验丰富的老员工了)。有一次,经纪人A连续两天没有带看,第三天中午的时候,他对门店经理说:"经理,我下午有一个带看。"

"恭喜你啊,终于有带看了,赶紧去吧。"

这时,另一个经纪人B说:"我跟你一起去。"他当时正好处于空闲状态,因此想和经纪人A一起去。

"已经约好了,我自己去就行了,你就别添乱了。"经纪人A的这句话让管理者意识到事情肯定存在问题,但他并没有直接挑明,而是坚持让两人一起去。

过了大概一个半小时，两人回来了。

"看完房了？看得怎么样？"这位管理者问。

"客户说房子还行，回去跟家人商量商量。"

"现在请你们认真听我说，给你们最后一次机会。今天到底有没有客户看房？如果你们说有，我会立刻分别跟你们两个谈话，让你们清楚地告诉我，今天看房的客户有几个人，是男是女，多大年纪，是否戴眼镜，上身穿什么衣服，下身穿什么衣服。"

两个人支支吾吾说不出个所以然来，最后不得不承认其实根本没有带看。

可以肯定的是，这种现象在房地产经纪行业中是普遍存在的，并非链家的个例，这也是管理者重点抓执行的意义和必要性所在。大家设身处地地想一想，如果你是案例中的管理者，你会如何处理团队内谎称有带看的经纪人，是当面怒斥然后直接开除，还是与他们沟通，了解撒谎背后的真实原因？

从理性的角度来说，管理者还是应当先调查清楚事情的来龙去脉，然后再根据具体情况做相应的处理。一般来说，经纪人的心理状态大致可以分为三种："想不想""会不会"以及"干不干"。三种心理状态折射出的是不同的问题，为此，链家引入了一个模型，专门解决此类问题。

第一，"想不想"与能力无关，完全是态度问题。

比如案例中的场景，可能门店有很多潜在客户，但经纪人不想工作（带看），所以才会有诸多借口。如果管理者或领导者不去抓，这类人就会当一天和尚撞一天钟。更恶劣的是，他们会影响其他人的工作积极性，甚至可能使整个团队、整个门店陷入一种消极怠工、得过且过的氛围中。在对这种经纪人的处理上，管理者必须当机立断。有改正的可能固然最好，如若执迷不悟，就应该以大局为重，按公司、门店的规章制度行事。

第二，"会不会"是经纪人的能力问题。

在看待这个问题时，管理者应当进行全面的考虑，不能笼统地归咎于经纪人。同样是案例中的背景，如果经纪人努力过，但仍无法有效邀约客户，在某种程度上是情有可原的。此时管理者就要对其进行针对性的培训和指导，比如带他们做赋能训练，给他们提供工具，帮助他们提升。

如果从另一个角度来看待经纪人的能力问题，其实这也是对管理者的一种要求。比如，管理者在制定面访任务时，应当考虑周全，对不会约、不会访、不会说的经纪人或是新人进行事前辅导，向他们传授一些更实用、更接地气的方法和经验，帮助他们完成目标。

第三，"干不干"是指管理者是否认真地抓经纪人的执行。

比如案例中的那位管理者，如果他睁一只眼，闭一只眼，让案例中这种非良性的状态持续下去，那么对于经纪人和门店而言，都绝对是有百害而无一利的。

5. 化解冲突

在日常的工作中，经纪人之间出现冲突几乎是在所难免的，管理者的处理是否得当，影响着经纪人日后的工作状态，也影响着整个团队的凝聚力和团结程度。所谓"得当"，指的是管理者的处理方式至少要做到公平公正和及时解决两点。

在处理冲突时，公平公正、不偏不倚是对管理者最基本的要求。然而现实中经常会出现的一种场景是，有些管理者为了维护老员工或师傅的面子与威信，会刻意地偏向他们，从而给新人留下管理者"包庇"老员工的恶劣印象。长此以往，新人没有了努力的意愿，甚至会产生"不愿意为某某领导工作"的想法，团队也

> 在处理冲突时，公平公正、不偏不倚是对管理者最基本的要求。

就无法补充有上进心和有能力的新鲜血液，进而影响团队的整体发展与进步。

及时解决是指管理者要打消息事宁人的想法，千万不能试图将团队成员之间的矛盾大事化小、小事化了，一旦双方心生芥蒂，肯定会对团队造成意想不到的恶劣影响。反过来说，息事宁人的举措在某种程度上也反映出了管理者管理能力的不足，管理者应从中吸取教训，总结经验，补齐短板，提高自身的管理能力。和事佬或许能在一个圈子里很好地生存，但不一定能得到大家的尊重。"管理"，首先是"管"，要把矛盾双方的对错指出来；然后是"理"，理顺双方的情绪与关系，使双方在今后的工作中能继续合作、互相配合。

6. 促进团结协作

团队的力量之所以远远大于个人的力量，关键在于人与人之间的团结协作能产生"1+1＞2"的效果。而且，经纪人本身就是一个依附于团队、反哺于团队的职业，从入职之初的培训，到日常工作中知识和经验的传授，再到团队集思广益进行关键问题的破冰，无一不体现了团队协作的价值。

促进团队协作的具体方式除了精神层面的

"管理"，首先是"管"，要把矛盾双方的对错指出来；然后是"理"，理顺双方的情绪与关系，使双方在今后的工作中能继续合作、互相配合。

耳提面命，还有对经纪人的工作成果进行激励。之所以采取激励的方式，是为了在团队中营造积极向上的氛围。想要达到团结协作、共同进步的目的，团队中的每一个成员都应当具备上进的意愿，而激励措施的作用之一就在于此。

接下来，我们以链家某大区为例，阐述激励措施的制定和执行。

第一种激励措施是荣誉奖励。

该大区每一季度都会进行一次评比和表彰，奖励包含五项内容：第一项是一张类似于学生时代奖状的喜报，上面写着："恭喜某某同志获得链家某某大区优秀员工称号，颁发此奖，以资鼓励。"文字内容可以灵活调整，但必须具备表彰的含义。第二项是一张照片，是受表彰的所有经纪人与大区管理者的集体合影，照片标题为"链家某某大区某某年某某季度优秀员工"。第三项依旧是照片，不过是优秀经纪人与大区管理者的单独合影，而且经纪人身披金披风，以彰显其与众不同的身份和成就。这一小小的举措能在一定程度上给予经纪人心理上的鼓励，促使他们百尺竿头更进一步，为继续葆有这份荣耀而继续努力。第四项是一封信，用以介绍链家整个公司以及大区的发展史和取得的种种傲人的成就、荣誉。第五项是小礼品。小礼品多是指带有链家LOGO（标识）的小物件，并不贵重，却与其他几项一样传递着门店表彰的含义。

以上这些奖励并不需要门店投入太多资金，却能让经纪人感受到管理者和门店的鼓励与关心，从而达到激励作用。除了给经纪人准备各种奖励外，该大区还会特意准备一份送给优秀经纪人家属的大礼盒。此举有两层含义：一是让经纪人家里知道他的努力和工作成就，与他共享喜悦和荣誉；二是与经纪人家属形成互动，当家属了解到员工的成就以及公司、门店对他的认可后，也能反过来给经纪人以鼓励，促使其更加努力。

第二种激励措施是称号海报。

该大区每个月都会统计商圈经理、门店经理和经纪人所取得的成绩，进行内部评比，给其中的优胜者以响亮的头衔，并制作关于优胜者的海报粘贴在门店的显眼处，以此激励优胜者，同时也对其他经纪人进行鞭策。

他们列出的头衔有"金牌经纪人"，大区业绩前五名的经纪人可以获得这一称号；有"店面头狼奖"，一般奖给大区内每个门店业绩第一名的经纪人；有"优秀育人奖"，颁发给大区业绩前五名的 M 级[一]门店经理；还有"五虎上将""商圈霸主"称号，分别对应大区业绩前五名和市场占有率前五名的商圈经理。

该大区的管理者曾分享过一个有关称号奖励的小故事。他们关于称号的评比一般一个月举行一次，首先会在月初的动员会上公布评比结果，然后再张贴海报。有一次，正好赶上国庆节放假，评比会只能改到 10 月 9 日举办。管理者在 6 日巡店的时候，一个经纪人问他："总监，咱们这个月的获奖海报不发了？"听闻此言，管理者瞬间意识到了其中的关键点，便立即说道："你是不是获奖了？别着急，还没开会，开完会就会发放了。"

从这件小事可以看出，优秀的经纪人是向往评比的，一个小小的头衔代表的是个人的努力成果、门店和管理者的认可，以及成为其他同事的榜样。如果能够吸引大多数经纪人为了让自己的名字上海报而奋斗拼搏，那么激励的作用便达到了。

第三种激励措施是发鼓励信息。

该大区的管理者在每个周日的晚间都会在群里发一条长信息，总结大区在本周所取得的

[一] M 级为经纪人序列，通常为管理岗。

成绩与存在的不足，信息内容包括每个门店完成的单子数量、开单的经纪人、尚未有收获的门店以及一些鼓励的话语。

激励经纪人、促进团结协作是一件细水长流的事情，不能追求"奇招"。上述案例中的各种措施拆分到每一天的工作中，其实都是一些微不足道的事情，而最终取得的傲人成果也是在不经意间通过一点一滴的努力积累而来的。因此，一个小礼品、一句表扬的话看似不痛不痒，但是凭借日积月累的坚持，一样能培养经纪人奋斗拼搏、不断上进的精神，最终反哺团队，推动团结协作。

> 激励经纪人、促进团结协作是一件细水长流的事情，不能追求"奇招"。

你的管理认知清晰吗

把"管理"二字拆开,就是管理者日常工作中的两个重点——"管"和"理"。"管"指的是从宏观层面通过各种手段管治、激活大区或门店内各个小团队,比如在大区各个门店之间进行简单的业绩比拼,促使他们奋发图强。而"理"则可以理解为理顺团队中的各种关系,比如理顺团队结构、目标以及发展路径,理顺团队内部的氛围、文化价值观等。

除了外在的元素,管理者"管理"的另一个重心是自己。从与人打交道体现出的沟通能力与技巧,到房产经纪行业的专业知识,再到团队管理能力,以及自我心态的调整,都能体现出管理者对自己的"管理"。

调整心态,做好"领头羊"

管理者是团队中的"领头羊",管理者的一言一行、一举一动都会被团队成员看在眼里,并放大。如果管理者自身行为不端,比如经常迟到或是身居高位不求上进,团队中就会上行下效,这样一来,不仅管理者会彻底丧失威信,整个团队的文化、氛围以及各个经纪人也会受到负面影响,团队甚至有可能因此陷入一种发展停滞的状态。长此以往,团队必然会落下恶性的病根,再想清除改正,非得伤筋动骨不可。反之,如果管理者有正确的自我认知,严于律己,事事以身作则,那么不仅能够赢得大家的认可与信赖,还能带出一个高效的团队。

链家某大区有一位商圈经理,入职多年来从未迟到过,直到有一天因为一些意外的状况他迟到了。他没有向大家解释原因,也没有因为意外是不可控因素而试图让此事大事化小,小事化了,而是直接在门店经纪人的大群里发了1000元的红包,并做了备注:"这是我第一次迟到,自罚1000元;如果还有第二次迟到,

> 如果管理者有正确的自我认知,严于律己,事事以身作则,那么不仅能够赢得大家的认可与信赖,还能带出一个高效的团队。

自罚 2000 元！请大家监督。"

在团队内部树立威信、获得经纪人的认可，其实并不需要轰轰烈烈的举措，或是严厉的规章制度，管理者能够以身作则，为手下的人做好模范带头作用就足矣。而且，管理者对自身提出严格的要求，并身体力行地将其落实，这种行为对经纪人也会起到一种带有指导性意味的激励作用。就如案例中的商圈经理一样，他因为迟到而进行了自罚，同时也是在变相地告诫团队中的所有人绝不能迟到。时间长了，所有人都会在潜移默化中以门店的规则为红线，进而形成一种氛围、一种文化。

除了为团队人员树立正确的榜样以外，管理者想要树立正确、严格的自我认知，发挥"领头羊"的模范作用，还应当注意哪些方面呢？

1. 不要把个人情绪带到工作中

前文中我们已经多次强调，公平公正地处理事情是对管理者的一项最基本的要求。如果管理者在工作中经常表现出过强的个人情绪或感情，他在经纪人心中的形象就必然会受影响。而且，人是一种情绪化的动物，管理者情绪化的言语或行为也会对其他人的情绪造成影响，

> 管理者情绪化的言语或行为也会对其他人的情绪造成影响，当两人的对话陷入一种情绪化的状态中时，结果大概率会走向两败俱伤。

当两人的对话陷入一种情绪化的状态中时，结果大概率会走向两败俱伤。

链家的一位管理者在当门店经理的时候，曾因为一次情绪化的发言而失去了一位得力干将。有一天开早会的时候，这名经理要求所有经纪人定端口，此时一个能力比较出众的经纪人小声嘟囔了一句："我不定。"当时，因为家里的琐事憋了一肚子火的经理一下子没能及时控制住自己的情绪，当着门店所有人的面大声说道："所有人都必须定，你要是不定就离职吧！"看到经理发火了，那位经纪人不说话了，但第二天她真的离职了。

情绪平静下来后，这位经理十分后悔，因为那个经纪人的能力很强，是一个难得的人才，不管是个人业绩，还是在团队内的口碑，都得到了大家的一致认可。虽然有不少同事规劝她不要因为一时的情绪而离职，但都没能使她改变主意。就这样，一句情绪化的话导致了两败俱伤的局面。

在如今快节奏的社会环境中，尤其身处竞争日益白热化的房地产经纪行业，经纪人本就承受着巨大的工作压力，还时不时地会遭到业主、客户的种种"刁难"，情绪难免会有波动。

在这种环境中，如果连身经百战的管理者都无法有效控制自己的情绪，又如何要求经纪人平心静气地工作呢？如果所有人都毫无顾忌地释放自己的情绪，团队文化、团结协作就会变成一纸空文。

类似的案例在房地产经纪行业并不少见。很多时候，压力和情绪积压在一起，会使人们变得越来越敏感、易怒，这时，一件小事、一句话都会变成导火索，让人们彻底爆发，矛盾与隔阂由此产生。所以，管理者不只要控制、调整自身的心态，还要注意经纪人的情绪变化，一旦发现他们出现了情绪问题，就要及时跟进，采取各种方法来帮助他们疏导和排解压力。比如，可以请心理咨询师为他们做心理辅导，或者举行会餐、外出游玩等活动为他们解压。这不仅能提升经纪人的工作效率，而且有利于营造轻松舒适的团队氛围，可以说是一举两得。

2. 加强对自身的要求，不断学习

如何理解此处的学习？对于经纪人来说，需要学习的可能更多是指房地产经纪专业方面，如对本商圈具体情况的了解、对业主或客户心理的把控等。对管理者来说，以上列举的因素需要不断积累，但需要学习的内容又不局限于

这一层面。比如，管理本身就是一个很大、很深的课题，除了管理者自我以及经纪人情绪的把控与调整之外，如何打造团队文化价值观，如何制定合理、合适的团队目标，都是管理者需要不断学习和思考的管理课题。

3. 带动团队向着更高的目标前进

竞争是一个永恒的话题，在房地产经纪公司内部如此，在团队内部亦如此。市场是残酷的，人们只认可胜利者。在公司里，胜利者能够得到更多的资源，能从更高的起点出发，而失意者只能在更加不利的场景中再一次与胜利者竞争。

链家的一位管理者曾提出过一个理论——"第一名的信仰"，即不要问自己是否能够获得第一名，因为当你在心中思考这个问题的时候，就已经比他人慢了半步，而应当坚定地认为"我一定可以做到第一名"，并立即付诸行动。

得益于这一理论，他的经纪人生涯很短，只做了两个半月就获得了晋升。在当门店经理的时候，他带领团队获得了年度总业绩全公司排名第二的绝佳成绩。在大区经理和总监的职位上，他也总能带领团队夺得第一名的好成绩。

值得一提的是，据这位管理者回忆，他当

总监时接任的是全公司倒数第一的大区，团队的底子其实并不如意，但他仍旧保持对第一名的渴望与信仰。所以，在开第一次门店经理大会的时候，他引导经纪人研讨的第一个话题就是："有哪些业绩增长点能够支撑我们成为金质大区？"在他的理念里，不只是管理者要时刻保持对第一名的向往，整个团队从上到下都应当怀着第一名的信仰。他认为，如果大家平日里不断重复，不断给自己"洗脑"，就会自然而然地按照第一名的标准要求自己，也会自然而然地朝着第一名的方向努力，在强大信念的加持之下，成功会成为水到渠成的事情。

团队需要鼓励，也需要鞭策，触手可及的目标固然容易实现，能在短时间内看到反馈、获得成就感，但经纪人可能会因此而满足甚至自负，再无奋斗上进的斗志，不利于其长期发展。竞争是一个团队的事情，也是每一个个体的事情，管理者唯有提出合理的高标准、高要求，才能将每一股看起来微不足道的力量凝聚成强大的动力，促使团队为赢得竞争而努力。

4. 接受团队，塑造团队

很多人在晋升到管理岗位之后，都会产生

在新天地一展拳脚的雄心壮志，然而实际情况往往会事与愿违，这多半是因为团队出了问题。如果你是一名管理者，在面对一名综合能力远远低于自己预期的团队时，你会怎么办？链家的一位管理者就曾经历过这种情况。

有一年，链家的一位管理者被调任到一个新城市。去之前，她进行了很多规划，做了充足的准备，打算大干一场以证明自己。但是到了新城市之后，她却陷入了理想与现实的矛盾之中。用她多年后回忆的原话来描述就是："你要的是2米长的材料，但身边可用的都只有0.5米长。"面对这一局面，她的内心是崩溃的，甚至是绝望的。她不停地问自己怎么办，甚至想到了放弃。但转念一想，如果此时灰溜溜地逃跑，该如何跟公司交代呢，抱怨队伍底子太差，要求换成优质团队？这显然是不现实的。

经过一番斗争之后，她还是毅然决然地选择重新拾起对团队的热爱，对每个经纪人都进行了深入的研究和发掘，想办法放大每个人身上的优点。在她的不懈努力下，原来那个不太成形的团队终于被打造成一个相互扶持、相互补足的团队。

与一线的经纪人相比，管理岗位需要面对

的场景更加复杂，这就意味着，对管理者提出了更全面、更多元化的要求。凝聚力强、执行力强的金牌团队是每个管理者梦寐以求的，但理想与现实之间的差距却是常态化的，如何面对和缩小这种差距，考验的是管理者的心态调整能力和团队整合能力。

当团队状况不尽如人意时，有很多管理者选择"认命"，不断地向现实妥协，但最终的结果往往很糟糕，团队不但没能创造出业绩，严重时还会彻底解散。也有很多管理者没有认命，而是在绝境之中破而后立，把团队重新聚拢起来，带领团队不断向着好的方向努力，正如上述案例中提到的那位管理者。怎么才能做到这一点？她总结出了两种方法：认清现实和对内归因。

所谓认清现实，是指转变自己的心态，接受经纪人在综合能力、奋斗意愿等方面远远不如预期的现状。但同时也要意识到，这种现状是很难通过"大换血"快速改变的。在这种局面下，管理者无疑是需要勇气的，要敢于接受现状，并怀着不服输的精神去努力和奋斗。

所谓对内归因，主要强调管理者要进行自我以及团队整体的反省，不能把团队出现的问题全都归咎于经纪人，要从多个方面找原因。比如在教导培训的过程中管理者是不是有做得不尽如人意的地方？如果是新团队，管理者要思考他们是否有上升的空间和天赋。

搭建团队、培养团队就像是积小流成江河，需要一步一个脚印地积累。不断增强优势、弥补不足，才有可能打造出一个金牌团队。身为"领头羊"的管理者一定要树立正确的自我认知、团队认知，在遇到不如意的情况时，及时调整心态，以一种正向的、奋斗的形象带领团队不断向前。

有的放矢，分阶段培养

团队领导者的选拔是搭建团队的一个重要环节，因为这些领导者在团队中发挥着承上启下的关键作用。但与招聘新经纪人一样，新的团队领导者可能并不符合管理者的期望。为了解决这个问题，很多房地产经纪公司会选择采用人海战术，即不停地换人，只要当前的团队领导者达不到预期标准就换下一个人。如此一来，招募团队领导者就成了一个随机游戏。而且，长此以往，整个团队也会因为频繁更换领导者而变得混乱不堪，战斗力低下。

很多房地产经纪公司之所以会出此下策，主要原因在于实在找不到合适的人选。

> 不断增强优势、弥补不足，才有可能打造出一个金牌团队。

一家房地产经纪公司开设了一个新的大区，目标规模是 200～300 人。然而，管理者发现，可用的人才只有自己带过去的三四十个老兵。而且，这些老兵有一半是因为原来的工作环境不如意，想换一个场景试一试，冲锋陷阵的意愿并不强。算来算去，真正有市场开拓能力的经纪人只有 20 个。想要从这 20 个人中筛选出合格、合适、能经受住市场的磨炼和考验的团队领导者，实在是难上加难。

链家经过了这么多年的发展，见证和经历过太多这种两难的抉择，无数案例告诉我们，人海战术执行到最后通常都会以失败告终。所以，管理者在选拔团队领导者时，应该通过公司内部的筛选和培养体系去赋能有潜力、有前途的人才，而非抱着侥幸心理盲目地招聘。

一个成熟有效的培训体系，应当做到以下两点。

1. 在初期利用公司的规章制度弥补团队领导者管理能力的不足

能够被管理者或者公司看中的经纪人，一般来说业务能力都十分出色，这是他们的优点。但业务能力与管理能力是两回事，业务能力强不代表管理能力也强。比如有的人天性随和，不愿意得罪人，员工今天说肚子疼，明天说头疼，后天说陪朋友出去玩，天天请假，每次他都会批准。这样的人带出来的团队，何谈凝聚力？没有凝聚力，又如何能在市场竞争中生存下去？

所以，管理者在调动团队领导者充分发挥他们的专业能力的同时，更要帮助他们学习和进步，提升他们的管理水平。比如，还是以请假的场景为例，管理者可以重新制定请假的流程与规则，增加一条：必须经过团队领导者（经理）批准假期才能生效。如果员工身体不舒服可以请病假，前提是有医院开具的证明。当团队领导者展现出严肃认真的态度时，一些偷奸耍滑的员工就会慢慢回到正轨，按照规章制度行事。

值得注意的一点是，不论是重新制定请假流程和规则，还是采取其他措施，管理者的出发点都应该是辅助新任团队领导者，帮助其树立威信、改变心态，从而提升管理能力，而不是越俎代庖地替他们来管理。假如管理者完全替他们扛下了这份职责，他们就会产生心理上的依赖感，这不但不利于他们的学习和成长，还会扰乱整个团队的布局和发展。

2. 在中后期形成模式化管理

随着团队的不断发展壮大,团队领导者会越来越多,管理者不可能针对每个团队领导者的特点和不足制定相应的补足措施。此时,打造一套从上至下的管理机制,形成不同的管理模板,是一种行之有效的方法。如此一来,那些管理能力达不到预期的团队领导者就有据可依、有法可循,在具体场景中直接套用对应的管理模板即可。

比如,链家的一位管理者在他的大区内推出了量化行程量检查机制,让每一个门店里的每个团队领导者都能依照统一的节奏去检查经纪人的带看、面访和邀约情况。即使是刚刚竞聘成功的团队领导者,也可以依据这一模板化的检查机制管理团队内的经纪人,弥补本身管理能力的缺陷。

培养一名团队领导者与培养一名经纪人,可能在具体措施上有一些不同,但究其本质却是相似的。在初期,当他们的能力、经验达不到预期之时,管理者最重要的是调整自己的心态,坚定走下去的信念。这之后,再慢慢发掘他们的潜力,以公司层面的制度、体系弥补他

> 打造一套从上至下的管理机制,让管理能力达不到预期的团队领导者有据可依、有法可循,甚至直接套用。

们的不足，放大他们的优点，通过不断地培训、指导帮助他们成为能独当一面的人才。

真实场景中的三大管理阶段

从筛选、培养经纪人到选拔可堪一用的团队领导者，再到将所有人聚拢在一起，打造成一支有战斗力和有竞争力的队伍，这是打造一个团队的完整的生命线。在这个过程中，任何一个环节出现问题都有可能导致团队搭建计划的流产，或者影响团队形成有效的市场竞争力。其中，管理者起着至关重要的作用，他们不仅是自始至终的参与者，同时也是成长方向的制定者和引导者。

如果我们站在局外人的角度看团队的成长过程，就会发现一个问题：以上讨论的所有关键因素针对的都是团队内部，关于市场和行业大环境涉及的并不多。管理者在搭建和培养团队的同时，也必须意识到市场不会停下来等待团队慢慢成长，同行更不会等到我们形成强悍的战斗力后才来与我们竞争。一朵温室里养成的花朵是无法承受大自然的风吹雨打的，一个在理想条件下打造的团队也无法参与真正的市场竞争。在奉行适者生存法则的房地产经纪行业，这一点更为明显。

因此，管理者在打造和管理团队时，必须让团队成员投入到实际工作中，以市场竞争来磨炼经纪人，在实战过程中发现并解决问题，帮助他们快速成长。一般而言，在实际工作中团队的管理可以分为三大阶段。

第一阶段：以生存为第一目标

对于任何一个新生团队来说，生存都是第一要务。链家的管理者在打造团队时，之所以会强调放大经纪人的优点，将所有人的优点汇聚到一起，从而使团队初步具备战斗力，其初心就在于要让团队具备一定的生存能力，在此基础上再去寻求成长和发展。

链家北京某大区的一位管理者在培养经纪人的时候将这一理念发挥到了极致。在他的团队中，最具代表性的两个经纪人有着截然相反的能力。其中一个廖姓经纪人只会维护房源，天天与业主聊天收集房源信息，能与业主建立牢不可破的情感联结。他所在商圈的大部分好房源都是他卖出去的，甚至有一个小区全年所有的房子都是他卖出去的。后来他成长为湖南长沙的一名 M9 店长。而另一个吴姓经纪人则只会维护

对于任何一个新生团队来说，生存都是第一要务。

客户，很少与业主交流。据该管理者回忆，吴姓经纪人"最辉煌的"战绩是五套房源全部丢失，但她的客户端却做得极其出色，甚至可以架着梯子带客户去看开发商刚刚开始建造的楼盘。后来，她成长为北京链家的一名A7[1]经纪人。

第二阶段：团队能力的复制

这一阶段的理念与阿米巴经营理念十分相似，都是以现有成熟的团队为基础模板，复制、打造另一个团队。在这一阶段，管理者应当将所有的生产资料打碎，然后以新的方式、角度再次组合，形成具有更强竞争力和生产力的团队，完成组合创新。这样做也能提升团队认知和活跃度，解决跨门店、跨大区人员流转效率极低的问题，有效对抗组织的僵化。

在这一过程中，对管理者的一个最核心的要求是具有换位思考能力。管理者要能从对方的角度出发，思考经纪人需要什么样的辅助，并且能不停地转换角色，在合适的时机出现在需要的地方，以合适的角色增益团队。反过来，团队的复制成长也能倒逼管理者成为一个更全面、更高续航的人。由此，管理者和团队形成

---

[1] A级为经纪人序列，通常为业务岗。

相互增益的正向循环，共同成长。

第三阶段：突破单一赛道的效率恒定值，开拓第二曲线

关于第二曲线和赛道，更多的是公司层面需要思考的问题，也是决定整个公司发展方向的重大课题。而单个团队在其中发挥的作用是最大化自己的能力，增强单个门店、单个大区的市场竞争力，从末端助力公司的发展。

搭建团队、管理团队是一个复杂且漫长的过程，任何一种方法或理论都需要时间的验证。而且，通过对市场上的各大房地产经纪公司的观察来看，并不存在一个必然会成功的方法论。这一方面是因为每个商圈都有其独特的市场特性，在一个商圈的成功经验照搬照抄到另一个商圈并不一定能获得同样的成功，或许管理的魅力就在于从不确定性中寻找确定性。而管理者作为团队的"领头羊"，其能力、心态和眼界决定着团队的生存概率和发展上限。

管理者作为团队的"领头羊"，其能力、心态和眼界决定着团队的生存概率和发展上限。

第四章

小述职，大管理

房地产经纪行业中的管理者应当清楚一个道理：在某个问题上，经纪人错一次是能力和经验的问题，是可以也是应该被原谅的；错两次是学习、总结不到位，应该及时给予纠正和指导；错三次则是态度问题，需要进行严肃处理。

述职就是一项关乎经验总结和态度的工作。述职能让人端正自己的工作态度，明确自己的位置，把工作系统化，对完成的工作进行总结、分析，同时找出自身存在的不足，制定改善的策略，从而不断提高自己的工作能力和专业素质。

述职真的有必要吗

在房地产经纪行业中，有一个对比极为鲜明的现象：所有的房地产经纪公司，无论公司影响力如何、市场规模如何，都在强调述职的重要性，也在重点抓相关的工作。但到了真正落实述职的时候，效果却出现了云泥之别。有人通过述职迅速认识到自己的问题和不足，列举出详尽的解决方案，并积极落实。有人述职PPT（演示文稿）做得很不错，对上一阶段工作中存在的优点和不足描述得详略得当，但走出报告会场后却没有丝毫改变，不足之处依旧不足，优势的点也因为市场变动而成了缺点。经纪人如此，门店、大区甚至整个公司也是如此。

这不禁让人深思：为什么同样的工作会存在如此大的差距呢？

其实，关键原因在于不同的人对述职的态度与认知存在差异。那些原地踏步的人只是把述职视为工作的一部分，只不过交互的对象从业主、客户变成了自己的领导。在他们看来，这项工作无法产生直接的收益，因此总想应付了事，认为只要讲一讲数据和案例就行，不会去主动思考数据与案例背后真正的逻辑与原因是什么。而优秀的员工所做的正好与这些人相反，差距也就由此产生。

如果跳出经纪人与经纪人、公司与公司的对比，从一个管理者的角度去审视述职的真正价值，就会发现它的本质逻辑并没有改变，都是发现问题、分析问题、解决问题、总结经验、完成成长，只是从不同的角度看到了不同的呈现过程。具体而言，述职对于一名管理者的价值体现在四个方面：问责、聚焦、识人用人以及洞察与成长。

> 述职的本质逻辑是发现问题、分析问题、解决问题、总结经验、完成成长。

问责

完成门店业绩目标需要经历一个由近及远的过程，依赖于团队中每个经纪人每天脚踏实地的工作。从经纪人的角度来说，在具体的工作场景中他们需要面对成千上万、各不相同的业主和客户，在与业主和客户沟通、斡旋的过程中，出现差错几乎是在所难免的一件事。而且每个人的领悟能力、接受能力、学习能力都不尽相同，时间久了，经纪人与经纪人之间便会拉开差距，处于团队底部的人必然会拉低整个门店的市场竞争力，进而影响门店业绩。除了团队内部，市场环境的变化、政策的改变等诸多因素也有可能导致门店业绩下滑，甚至完不成目标。此时，管理者要做的就是问责。

关于问责，首先需要明确的是问什么？在实际工作中，有一部分管理者采用的是简单粗暴的管理模式，即早上开会定目标，晚上开会看结果，至于中间的时间经纪人是在打游戏还是在闲聊则全然不管。这种"只问结果不问过程"的管理模式不能为经纪人提供指导与支持，不仅不利于经纪人的成长，更不利于目标的达成。在这种情况下，管理者进行问责，更像是为了KPI（关键绩效指标）而问责，是一种无效问责，甚至是一种可以视为负能量的问责。

一次有效的问责应当以发现问题、分析问题、解决问题、总结经验、完成成长为本质目的，这样的问责才能为团队发展、为目标达成提供助力。一般而言，有效的问责可以根据工作的进展从以下三个角度入手。

1. 目标问责

目标是团队内所有人都需要明晰的一件事。以北京链家为例，公司的高层会不定期地直接打电话给经纪人，问他们的重点工作是什么、目标是什么，以及为什么要如此安排。因此，管理者在制定目标时，会向员工讲清楚目标是依据上一阶段的哪些工作、对哪些方面的指标进行迭代和优化而制定的。比如北京链家某大区90天以内新增的房源销售得特别快，效率非常高，但是150天以上的房源销售效率却十分低下，基本上没有经纪人愿意接手。所以管理者为这个大区制定的工作目标就是尽快解决沉底的房源。

按照链家的理念，如果经纪人对目标不清楚或是了解得不全面，就意味着队伍思想没有统一，思想不统一，目标必然无法顺利落地。从链家的经验来看，目标问责操作很简单，但直接有效。

2. 过程问责

从经纪人成长、团队成长的层面来说，过程远比结果更重要。管理者一定要紧盯过程，要明确为了实现目标我们该做什么，能做什么，需要投入哪些人力和物力。举例来说，一家门店的报盘率是50%，他们制定的目标是60%。管理者首先要做的就是往下拆解，确定各类房源的来源渠道及占比，以及占比是怎么来的，对这些问题都要清晰地掌握。一般而言，如果市场没有在短时间内发生剧烈变化，或者公司没有突然调整某一项战略，各类房源的占比就是一个相对稳定且准确的值，具有较高的参考价值。收集到以上信息后，管理者就要综合考虑信息、团队、市场等诸多因素，制定从现状到目标的达成路径，即进行过程管理。

"在过程中会遇到什么问题？""有哪些应对方案？"等问题同样属于过程问责的一部分，管理者可以借助一些管理工具和方法（如OKR）去拆分过程，明确其中哪一项或哪几项的达成是最有难度的，并制订出相应的解决方案。当然，问责的内容不只是任务，人员、团队、资源都是管理者需要提前思考和拆分的点。过程问责是非常有必要的，否则市场或是团队稍有变动，就有可能影响整个目标的达成。

3. 结果问责

从管理者和公司的角度来说，结果比过程

更重要，所以结果问责同样十分必要。结果问责主要是为了确定团队是否达成了既定目标，也就是自己与自己比。还是以北京链家为例，他们在制定目标时，并没有把整个市场当成一盘棋去下，而是根据大区上一阶段工作的具体情况、在本商圈的规模覆盖率估算出下一阶段的目标。房地产经纪行业中有一个概念叫商圈产业化，主要体现为每个商圈都有其独有的特点，如房源的属性（是公房还是商品房）、业主和客户的构成及特色等都存在着很大的区别。这种区域与区域之间的巨大差异，是不动产交易的一大鲜明特色。管理者在制定目标时需要"区别对待"，结果问责时同样如此。除了与自己比，还要与大盘比，假如公司整体增长了20%，而本区域的增长幅度属于"拖后腿"的行列，那么管理者就要对结果担责、问责。

问责背后的逻辑很简单，就是定目标、保过程、看结果。为了确保问责质量，管理者无论是自己述职还是听取别人的述职，都要时刻保持对数据的敏感度，要认真思考目标是什么，这么制定的依据是什么，结果如何，从哪些方面改进，搞清楚这些数据代表了什么，市场定位又是怎样的，只有做到这些，才能真正做到有意义、有价值的问责。

聚焦

无论在哪个行业、哪个领域，经营都是一件极为复杂的工作，短中长期的每一个阶段都有繁复的目标和规划。具体到每一天，员工任务的划分，以及员工的培训、指导、晋升等一系列工作都需要管理者的用心安排，这样才能使整个团队有条不紊地发展、成长。在这些如同一团乱麻的事情中梳理出逻辑、分清轻重缓急是非常重要的，"磨刀不误砍柴工"说的就是这个道理。

梳理工作的重要程度，也就是给工作定性，比如是否重要、是否紧急、是否值得长期投入等。管理者可以借助一些方法和工具，比如最简单直接的四象限法：既重要又紧急的事情应该是当前的重点工作，需要重点投入人力和精力去完成；既不重要又不紧急的事情，则可以给其他的工作让一让路，等有闲余的人力、物力时再去完成。此外，还可以从投入产出比的角度对工作进行划分：高投入、高产出的工作应当长久地坚持去做；低投入、高产出、见效快的任务，应该马上组织人手去完成；低投入、低产出，高投入、低产出的工作则要酌情考虑，甚至可以直接放弃。

不只是工作任务的梳理划分可以使用四象限法，对经纪人的划分同样适用：能力强、意愿强的员工应该放在第一象限，该奖励的奖励，该晋升的晋升。他们值得管理者和公司重点培养，甚至树立为员工的标杆。能力强、意愿稍弱的员工可以放在第二象限，他们多为老员工，可能每天的活动量很少，但有实实在在的业绩。对于这类人，管理者要做的就是不停地鞭策，给予他们一定的压力和成长的动力，比如为他们制定高目标。意愿强、能力有所欠缺的员工可以放在第三象限，新人大多属于此类情况，需要公司通过定期培训、师徒制等进行长期培养。第四象限则是那些能力弱、意愿弱的员工，对这样的员工，直接淘汰即可。

对工作和员工都进行了梳理分类后，管理者就可以清晰地依据划分进行聚焦。在聚焦的过程中，管理者需要遵循以下三个指导思想。

1. 凡事有重点

任何一项工作或目标都有不同的达成途径，但无论其过程如何，工作或目标的核心关键点是不会变的。以市场占有率为例，链家有100多个市场占有率管理指标去提升。可以肯定的是，这些指标都或多或少会有一定的效果，但这并不意味着链家的经纪人一定要在实践中完成全部的指标，绝大多数员工主抓的其实只是其中几个指标。第一关注的是报盘率,因为它是一个不可忽视的前提,如果连楼盘都没有,又何谈与客户建立联结呢?第二关注的是成交效率。成交效率是一个庞大的指标,它会牵扯到许多带看的指标。因此,管理者在梳理任务本身的重要程度之外,还要抓住任务背后的核心关键指标。

2. 讲重点

这一点在做述职报告时尤为重要。经常会有一些管理者为了突出自己的重要性,在述职或与经纪人开会时大篇幅地讲一些无关紧要的内容。其实,这种做法并不会取得他们想要的效果,反而会适得其反。经纪人会因为长时间抓不住管理者讲话的重点而感到厌烦,久而久之,开会时就会养成"左耳朵进右耳朵出"的习惯,不再重视管理者的讲话,接下来的工作进展也会受到影响。管理者开门见山、直接点题,才更利于经纪人理解、吸收重点。

3. 破题有深度

在房地产经纪行业,无论是头部公司链家,还是刚起步的小公司,大家做的事情都大同小

> 管理者开门见山、直接点题,才更利于经纪人理解、吸收重点。

异,很少有什么工作是这家公司能做而其他公司做不了的。但为什么公司与公司之间会有如此巨大的差距呢？深究来说,公司和管理者在宏观层面对行业和市场的理解、对专业知识的掌握都不相上下,很难凭借这些因素拉开公司、经纪人之间的差距。差距最直接的成因其实是对行业的理解深度不同、对市场投入的资源与精力不同。

为什么 T 型人才会深受行业的追捧？根本原因就在于他们不仅有横向知识面的广度,还有纵向发掘的深度。作为房地产经纪行业的管理者一定要深度理解所管辖区域的市场环境、对核心工作要有深刻独到的见解。管理者是否能做到这一点,将会直接影响整个团队对市场的理解深度和市场竞争力。

遵循以上三点指导思想,管理者就能找到聚焦的关键内容,做好聚焦工作。

识人用人

在企业运营的过程中,团队建设及识人用人的重要性不言而喻,而述职为管理者提供了全面梳理团队成员、再认识团队成员的绝佳机会。经纪人与经纪人是不同的,以述职为例,有很多公司的门店会让经纪人以统一的模板做述职，但等到经纪人真正呈现内容的时候就会发现，尽管模板是统一的，大家的述职重点却千差万别。用好每个经纪人的不同之处和优势之处，是管理者在识人用人方面必须具备的基础能力。

那么，关于"识人"，管理者在听取经纪人做述职报告时应当重点关注哪些内容呢？其实，从本质上来说，一个员工能否胜任公司分配的任务、能否顺利地融入团队是管理者用人的关键制约条件，也就是前面的"聚焦"中提到的能力与意愿问题。因此，管理者要从这两个角度出发，通过经纪人在述职时呈现的内容建立起对一名员工的认知体系。

1. 能力

能力分为两个层面：一是业务能力，二是思维逻辑。虽然报告中的数据无法客观、全面地体现一名经纪人的业务能力，但管理者可以通过他的讲解、对数据的分析，在一定程度上了解他是否具备丰富的专业知识，是否有能力推动业务进程，是否能完成业绩和目标。除此之外，管理者还要重点观察经纪人是否有能力总结上一阶段的工作，总结的是否到位、准确，

> 一个员工能否胜任公司分配的任务、能否顺利地融入团队是管理者用人的关键制约条件。

比如是否清楚地阐明了哪些工作做得好，哪些做得不好，不好的原因是什么，改进措施是什么，下一阶段的重点工作是什么。众所周知，经纪人的工作重在总结反思，在经纪人反思问题、总结经验、提炼方法的过程中，有众多可供管理者洞察考量的因素。

思维逻辑主要体现在经纪人对报告内容的安排上。一般而言，一份述职报告遵循的是"总分总"或者"总分"的模式，先从整体描述本次述职的重点内容，然后再分项展开详细的描述。另外，经纪人讲解时的思路是否清晰，言语是否流畅、有条理，也可以作为管理者考量的因素。

2. 价值观

几乎所有的团队都在强调价值观，最典型的例子就是各个领域里的商业大佬都在讲价值观。市场上流传着这样一句话，"三流企业靠管理，二流企业靠制度，一流企业靠文化"，事实也是如此。如果你对房地产经纪行业进行过深入的研究就不难发现，很多管理者在管理一家门店的时候做得非常出色，但是如果同时管理多家门店，就会左支右绌，无法应付。这类管理者崇尚的是以身作则，事事亲力亲为，这决定了他们的管理半径不会很大，公司的发展因此受到了限制。但是反观那些做大做强的企业，支撑它们前进的决定性力量中一定有文化价值观。文化价值观可以统一团队里所有人的认知，增强凝聚力、向心力，将全部力量都集中在一个方向上。

在一份述职报告中，管理者可以从以下四个角度去考量经纪人对于价值观的认知。

（1）对待业主和客户的态度

"以客户为中心""客户至上"等都是企业管理一直提倡的价值观，每个房地产经纪公司都有这样或与之类似的文化价值观。对于这些口号和理念，房地产经纪从业者一定耳熟能详。但喊口号与落实到实际工作中是两回事，有着截然不同的效果与价值。因此，管理者一定要加强经纪人对业主、客户服务态度的认知，推动他们将公司的文化价值观落到实处。

（2）对待问题的态度

这一点要从两个层面去理解。第一个层面是员工本身。管理者要在经纪人述职时观察他们对待问题的态度是着眼于长远，还是立足于脚下，不同的态度反映的是员工的不同能力。第二个层面是与团队的关系。房地产经纪行业中经常会出现一个有趣的现象——一个团队换

> 文化价值观可以统一团队里所有人的认知，增强凝聚力、向心力，将全部力量都集中在一个方向上。

了管理者后,业绩在短期内就有了十分明显的增长。这种现象背后的逻辑是管理者与经纪人团体的契合度问题,也就是对待问题的态度是否一致。链家内部流传着一句话——"进入公司,离开经理",这句话讲的是大多数员工入职都是奔着公司来的,而离职很多时候是因为与直属经理的认知不同。对于这样的现象,公司不能单纯地将责任归咎于管理者或经纪人,而应该具体情况具体分析。当然,从管理者的角度来说,我们也要吸取经验,改善管理方法和模式。

一个团队需要磨合,这个过程不是一蹴而就的。管理者的管理能力、管理方式与整个团队节奏的磨合也需要漫长的时间。比如行业里有很多团队可能在之前半年或一年的时间里一直没有特别出色的成绩,但在团队完成磨合与沉淀之后,却能长期保持节节攀升的态势。这个逻辑在公司层面也是适用的。

(3)对待同事的态度

在如今的市场环境中,任何人都不能靠单打独斗取得成功。房地产经纪行业尤其是一个需要团队作战的行业。一个经纪人的成长,无论是入职培训,还是建立师徒帮扶关系,还是实际工作中的带看、斡旋、签约,都离不开同事的帮助，都是团队协作的胜利。所以，管理者要从经纪人的述职中观察其对同事的态度，并加深团队的融合。

（4）对待工作的态度

一个经纪人对待工作的态度，是拼搏进取，还是偷奸耍滑，从他的述职报告中便能看出来。在报告中列举的诸多指标中，管理者需要特别关注重点工作的数据，它体现了员工是否真正理解了团队的工作重心以及对待领导交付工作的态度。比如北京链家曾有一段时间重点考察客户投诉的问题，因此员工在述职时需要花费大篇幅去讲自己被投诉的具体情况，包括主要责任是什么、解决方案是什么等内容。一般而言，管理者制定的重点工作是与团队的战略规划相关联的，如果经纪人对此都不用心，对于其他重要程度次一级工作的态度就可想而知了。

人才是企业经营过程中的一个永恒的话题，人才争夺在房地产经纪行业也必然是一场永恒的战争。当然，人才也并非万能钥匙，想要一个人才在他的岗位上发挥出自己最大的潜力和作用，管理者一定要识别人才的能力特点、用好人才。

具体到述职上，管理者要明白，述职报告之所以要涉及能力与价值观，本质目的就是通

> 一个经纪人对待工作的态度，是拼搏进取，还是偷奸耍滑，从他的述职报告中便能看出来。

过数据识别人才,再以文化价值观把人才拉到与团队同样的节奏和认知上来,只有这样,才能使他们真正融入团队,真正地为我所用。

洞察与成长

在述职的前三个价值中,问责主要专注于一项任务的三个阶段——目标、过程以及结果;聚焦更多的是要求管理者看待事情有重点、有深度;识人用人是让管理者从能力和价值观两个角度全面认知经纪人、培养经纪人。而洞察与成长则是从一个更加宏观、更加全面的角度去观察团队内部存在的问题与不足,寻找解决方案,推动团队的成长。

体现这一价值的维度主要有四个,分别是重点关注的数据指标、重点跟进的业务动作、重点关注的资源和重点关注的人员。

1. 重点关注的数据指标

在房地产经纪行业中,管理者需要关注的数据指标实在是太多了,想要把每个指标、每项数据都弄清楚根本是不可能完成的任务。因此,管理者要学会筛选指标,从中找到最关键、最有影响力的指标，以它们为重点关注对象。比如链家经纪人会在述职PPT首页展示一张表格，列举报盘率、成交率、客户投诉率，以及房源端和带看端的关键数据，同时，他们还会将上次的数据与本次述职数据做对比。这种做法可以让没有经验的经纪人清晰地掌握自己应该重点关注哪些指标，并体现到日常工作中。

2. 重点跟进的业务动作

重点跟进的业务动作针对的是重点工作，它指的是管理者要对重点工作的进展有清晰的掌握与掌控。这样做的好处有很多，比如，如果工作方向出现偏差，管理者可以及时给予指正；如果进度有所落后，管理者也可以及时对员工进行鞭策，使他们努力推进自己的工作。链家的一位管理者就要求辖区内的门店经理、商圈经理每天下班前必须对重点工作进行量化跟进，比如一天内的带看量、成交量等。

3. 重点关注的资源

在推动重点业务、提升关键指标时，管理者要明确从区域、从公司的角度出发需要投入哪些资源。

4. 重点关注的人员

重点关注的人员指的不仅是优秀经纪人，还包括低绩效以及零业绩人员，尤其是后两者，管理者需要重点关注。因为根据市场经验，这些经纪人往往会因为看不到成绩和成长的方向而离职，增加公司的人员流失率。从成本的角度看，对比新人、低绩效人员和流失人员三者，对公司造成最大损失的就是流失人员，因为他们的离职会带来许多沉没成本，这是很多公司都会忽视的；其次是低绩效人员；最后才是新人。因此，除了给予足够的关注之外，管理者还要拿出解决方案，推动尾部经纪人的进步与成长。

述职价值其实是一个很主观的因素，出发点不同，经历的具体场景不同，最终获得的价值必然不同。上述四大价值更多的是根据行业发展情况、市场环境以及实战经验综合考量总结得出的，但我们并不要求一次述职报告将其全部体现出来，管理者应当根据公司的发展节奏和实际需求，挑选最契合的价值重点推进，如此方为上策。

述职应该述什么

《吕氏春秋·离俗览·用民》中有这样一句话:"壹引其纲,万目皆张。"意思是抓住渔网的总绳,所有网眼就都打开了。它以渔网做比喻,意在告诉人们,思考问题要抓住关键,以此带动其他环节的进步。

述职报告就是渔网的总绳,通过述职报告,管理者可以了解经纪人在上一阶段工作中取得的成绩、总结的经验以及存在的问题,由此建立一个关于经纪人的更加全面、细致的认知模型和管理模型。管理者把每个经纪人的信息和问题汇总起来,就能从门店或大区的层面对所管辖区域有更深层次的理解,在优化管理动作或制定管理目标时，也能做到有据可依、有的放矢。

其实，无论是经纪人述职，还是管理者述职，都应当先想清楚述职的本质是什么。仅仅是做一次工作总结吗？这只是表面上的内容。实际上，述职的内容关乎服务业的本质问题，即能为客户、企业、服务者创造什么价值。

具体来说，述职管理有五大要素，分别是财务结果、客户服务、业务效率、组织建设和目标管理（见图4-1）。

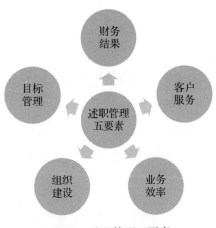

图4-1 述职管理五要素

财务结果

财务结果是什么？很简单，就是企业经营的最终目的——盈利。笼统地讲，盈利是由收入和成本两个因素决定的。关于盈利，管理者在听取或者做述职报告的时候，应当重点关注一项数据，即投入产出比为多少。管理者在处理相关问题时，不能像普通员工一样只是做简单的加加减减，而必须深入到每一项数值的背后，弄清楚它代表着什么，又为什么是现在的数值，要知其然，更要知其所以然。

总的来说，在一份述职报告中，影响财务结果的因素主要有三个。

1. 收入

在"收入"一项中，管理者应当着重分析两项：门店业绩和经纪人业绩。我们曾强调过，管理者要明白"业绩数字"背后的含义。以门店业绩为例，管理者应该了解其中新房、二手房以及租赁业务的构成与占比。根据链家在多个城市的调研，一般而言，新房的利润率比二手房高。数据不是绝对的，管理者要因地制宜，对优秀业务要继续努力推进，对稍有欠缺的业务也要拿出补足计划。当然，要做到这一点，前提是管理者要用心关注每一项业务，深度了解每一项业务。

关于经纪人的业绩，最重要的一个考量指标是门店人效，相信绝大多数管理者都会重视这一点。除此之外，德佑（房地产经纪品牌）的一位管理者曾提出要从经纪人的角度出发，思考团队合作与业绩之间的关系。他认为，经纪人之间的默契合作有利于门店利润的直接提升。

举个例子，完成一单可以获得3万元的业绩，如果全都算老员工的业绩，因为他们的业务能力强，提成比例可以达到60%，算下来，他们能拿到的提成是18 000元。但如果分出10%的业绩即3000元给徒弟，情况就不一样了。新人的提成比例可能只有25%，3000×25% = 750（元）。如此分配的结果就是（30 000-3000）×60% + 750 = 16 950（元），与18 000元相比少了1050元，这一差值就是门店利润。

2. 成本

成本分为固定成本和变动成本。其中，固定成本包括门店租金、水电费、新人无责底薪等；变动成本包括品牌营销、经纪人的招聘、培训、激励、佣金等一系列费用，是经营过程中最值得关注的成本。关于变动成本，管理者要时刻注意一个概念——变动成本率，即变动成本在收入中的占比。利用这一概念，管理者可以根据公式"固定成本/(1-变动成本率)"计算出保本点收入。

3. 利润

盈亏平衡点，即成本因素中提到的保本点，是管理者在利润因素中首先要明确的一个数据，它是一个门店或者一家公司的底线，因此必须给予特别的重视。对于亏损的门店，管理者要进行专项处置，比如重点关注、辅导，为的是发掘它们无法达到盈利目标的真正原因，并进行相应的处理。如果一个门店长期游离于盈亏平衡点之下，则反映出这个团队在能力、工作态度或是其他方面出现了问题，致使整个团队的竞争力低于市场平均水平，如果拯救无果，关店是最优选择。

对于处在盈亏平衡点之上的门店，管理者也需要考察其利润率。需要特别指出的是，业绩与利润并非一直都成正比，因为收入与成本是两个囊括了众多元素的课题，且元素与元素之间存在诸多牵连，一旦某个元素发生变动就会如多米诺骨牌一样引起其他元素的变动，所以有可能出现业绩在增长，利润反而下降的情况。

举个例子，链家的一位管理者（截至2021年，他仍是北京链家单门店业绩最高纪录的保持者）曾注意到，如果一个团队的人数保持在40～45人，整个门店就能维持在一个极佳的状态，一旦超过了这个人数范围，门店的利润率就会下降。

他总结发现，当门店经纪人数量超过45人时，虽然门店的业绩仍在持续上升，但由于总的市场容量是固定的，团队内部就会出现竞争。对于门店来说，内部竞争是无效竞争，甚至可以说是非良性竞争，在无形之中会浪费很多团队资源，也会增加很多不必要的成本。

可能门店的领导者更在意的是漂亮的业绩数据，而非更加实在的利润率。但是更高级别的管理者在处理利润相关的问题时，则会全盘考量，从盈亏平衡点、利润率、最终利润等多重角度出发，制定、指导门店和大区的发展方向。

客户服务

房地产经纪行业从本质上来说属于服务业，客户服务质量直接决定了公司能否生存下去。因此，管理者必须时刻向经纪人灌输服务质量意识。在述职时，客户服务同样是重中之重，虽说服务更多体现在日常工作的实战之中，述职时很难直观地感受，但是从一些数据或动作之中，管理者仍然能对一名经纪人的服务质量进行评估。这些数据或动作可以反映三个方面的问题：待签单风险防控，在途单服务管理，问题单处理跟进。

1. 待签单风险防控

签单风险的来源主要有三个，分别是客户、同行和市场政策。客户带来的签单风险是不言而喻的，因为业主和客户极有可能因为某些条件无法达成共识而不再合作。同行带来的签单风险也是同样的道理，被挖墙脚或是客户临时更换公司和经纪人在房地产经纪行业并不是一件罕见的事情。与前两者相比，市场政策存在着更多的不可控因素，也更难应对。一旦发生由市场政策的变化带来的签单风险，管理者要随机应变，采取适当的措施，保证能把待签单牢牢地掌握在自己手里。

2. 在途单服务管理

在途单服务管理强调的是经纪人在签单时服务跟进的情况，比如链家目前正在重点推动一项指标，叫平均完结周期。根据链家的经验，业主与客户对经纪人服务的满意度越高，每一单完结的周期越短。这一指标对门店提出了全面的要求，它并非仅仅是经纪人团队的任务，还涉及运营、职能等其他团队。它对整个门店的团结协作能力都是一个重大的考验。

3. 问题单处理跟进

签约过程中出现问题在房地产经纪行业是屡见不鲜的事情，在前面章节中我们也列举过不少出现问题、解决问题的案例。而在常见的问题中，特别需要注意的是纠纷。管理者在对纠纷进行处理时，一定要确保经纪人客观、全面地复述整个事件的前因后果，管理者建立正确的认知后再帮助经纪人总结经验、增益成长。客观、增益是管理者在这一过程中需要时刻秉持的两种态度。此外，平均每一百个单子客户的投诉率是多少，相应的赔付金额是多少，也是管理者需要重点关注的两个关键指标。

业务效率

通常来说，业务效率是绝大多数管理者重点关注的要素，因为它关系到公司的影响力、市场占有率以及最终的利润等众多极为重要的方面。纵观房地产经纪行业中较为成熟的头部公司，大多在不辞劳苦地推动文化价值观的建设，投入巨量的资金、物力用于对员工的鼓励和激励，其目的都是提升门店和公司整体的业务效率，以争取更好的业务结果。

管理者在做述职报告或听取述职报告时，可以从二手房业务、新房业务、租赁业务三个角度入手。

1. 二手房业务

在二手房业务中，效率最直接的体现是二手房的市场占有率。以北京链家为例，他们根据成交量和佣金占比将整个北京市场的楼盘划分成了25个区域，并集中力量主攻其中的9个区域，结果20%的楼盘贡献了80%的成交量。在聚焦的9个区域中，链家又挑选出了几个楼盘命名为B11楼盘，也就是市场中所谓的重点楼盘。在对北京链家的理念和做法进行了深入思考后，我们发现，从将市场划分为25个区域，到主攻其中9个区域，再到B11楼盘的挑选，链家做的就是聚焦。

2. 新房业务

在涉及新房业务的述职报告中，管理者需

要重点关注两个指标：一是新房成交率，二是带看成交比。一般而言，新房的利润率比二手房要高，所以新房的人均业绩也比二手房要高。此外，在带看成交比的指标上，新房的表现往往也比二手房更为优秀。以成都市场为例，二手房的带看成交比为 25∶1，而新房则是 10∶1，在成交效率上高出不少。

3. 租赁业务

租赁业务同样可以用收入和带看作为参考指标。但与新房业务不同的是，租赁业务有很多是由新人完成的，原因在于新人的行业经验很少，难以独立完成新房、二手房的带看和斡旋。让他们去做租赁，一方面能够降低门店的运营成本，另一方面新人也可以通过这种方式积累市场经验、行业能力以及相关资源。最重要的是，与其他两项业务相比，租赁业务更易于成交，能够帮助门店解决 A0 到 A2 级别经纪人流失率高的市场痛点。

组织建设

组织建设是所有房地产经纪公司都必须面对的重大命题，那么，究竟该如何界定组织呢？在做述职报告时，应该把哪些内容放在其中呢？仔细想来，文化价值观、人员的构成、经纪人的晋升都属于组织建设的环节，从这个角度来说，似乎仅仅组织一个元素便足以撑起一份完整的述职报告。但考虑到组织建设的本质是对经纪人的培养，所以只要是与经纪人培养有关的事情，就都可以放到组织建设中去。由此我们可以总结出，组织建设可以划分成六个模块：招聘、培训、人员留存、品质规则、低绩效管理、组织氛围。

1. 招聘

众所周知，房地产经纪行业是一个人员变动率很大的行业，同时也是一个对人才极为渴求的行业，所以招聘是每一个房地产经纪公司里人事部门的重点工作。管理者在招聘时，应当重点关注三个指标——招聘量、面试量和入职人数，这三者共同决定了一家门店能有多少新鲜血液进来。有了新人，才有后续的培训、成长，门店才可能有更多独当一面的优秀经纪人。

招聘和做业务一样，也有一套独特的业务逻辑。从选择招聘平台到每天发布、更新招聘信息，到打电话邀约面试，再到具体的面试，最后是统计面试通过率和入职率，是一个从前到后的顺畅的逻辑链条。管理者不仅自己要重视招聘，及时跟进招聘进度，还要督促一线的商圈经理、店长对招聘倾注更多的时间和精力。以链家为例，近20年来链家从未停止过对人员招聘的重视和投入，北京链家所有的商圈经理都背着人员招聘的指标，而且这与他们的绩效是强相关的。链家今日的辉煌也证明了招聘业务对公司成长的重要性。

2. 培训

培训对于房地产经纪行业的意义和作用不言而喻，即使是市场中刚起步的小公司，也会倾尽所能地将资源投入到新人培训中。但行业里也存在一个十分奇特的现象：一方面，很多经纪人反馈说，希望培训能够多一点，有利于个人的成长；另一方面，当门店或大区组织培训时，又有很多经纪人找各种借口不去参加。尽管现状如此，但毫无疑问的是，培训必须坚持做。管理者应当充分重视培训，多给予一些指导，为培训制定一些规则，比如培训完成后组织考试对经纪人进行考察，举办研讨活动拉齐认知，这些都会使培训更有意义和效果。

总的来说，管理者在抓培训时，可以从人均时长、人均成绩和培训满意度三个角度入手。

> 管理者不仅自己要重视招聘，及时跟进招聘进度，还要督促一线的商圈经理、店长对招聘倾注更多的时间和精力。

在一份述职报告中，这三个指标也足够证明培训的质量。

3. 人员留存

人员的留存率，从另一个角度来说也可以理解为人员流失率。人员流失率是整个房地产经纪行业中所有公司、所有门店、所有管理者都会重点关注的数据，同时也是所有人都在努力降低的一个指标。原因在于，如果流失率一直居高不下，公司或门店的经纪人就无法完成沉淀。没有人员的沉淀，门店整体的工作效率必然无法提升。以北京链家为例，长期关注房地产经纪行业的人可能都会知道，北京链家经纪人的人均业绩已经超过了5万元，为什么会有这么高的人均业绩呢？是因为北京链家在职5年以上的经纪人数量超过1万人。这些经纪人经过了在房产经纪行业的多年摸爬滚打，专业素质远远超出普通经纪人，也积攒了丰富的经验，为公司创造了巨大的业绩。经济学中有一个二八法则，我们也可以说，房地产经纪公司80%的业绩都是由这20%的老牌经纪人创造的。

贝壳在2021年提出的"合作提效大于技能提效"也是同样的道理。技能的培养是一件细水长流的任务，需要一个长期的过程才能见到效果，才能提效。而合作可以缩短经纪人的成长周期，让他们在以更快的速度获得收益和成就感的同时，也能快速提效。

4. 品质规则

品质规则是非常易于理解的，每家房地产经纪公司都会制定详细的规章制度，明确界定公司内部鼓励做什么、禁止做什么。体现在述职报告里，就是要讲清楚有多少人员触及了公司的红黄线，原因何在，管理者的问题又有哪些。需要提醒的一点是，对于犯错的员工，该处罚的要处罚，但处罚过之后管理者一定要引导他们深入剖析问题、总结教训，并以此为戒，避免再次出现类似的问题。

5. 低绩效管理

所谓低绩效管理，就是管理者要明确在各个职级中低绩效人员的占比分别是多少，从 A 级的一线经纪人，到 M 级的门店经理或师傅，再到 S 级的商圈经理，管理者都应当掌握精准的数据。在述职报告中列出低绩效人员占比，不是为了贬低这些人员，而是让公司领导层对大区、对门店有 个更全面、更清晰的认知。管理者在拿到数据后，首先要做的就是深入探究他们效率低下的原因，并针对存在的问题与他们一起探讨有针对性、有实际效力的解决方案。促使管理者帮助低绩效人员提升效率，就是这一数据的最大价值。

6. 组织氛围

公司可以通过利益将经纪人聚在一起，形成一个团队，但靠利益建立情感联结的团队注定是不稳定的。因为如果无法做到绝对的公平，利益分配不均必然会引起一部分人的不满，由此导致团队的凝聚力、向心力受损，进而导致团队的市场竞争力下降。因此，在利益之外，管理者还要注意组织氛围的营造与文化价值观的培养，双管齐下才能发挥团队最大的战斗力。这一模块主要参考的指标有单边比、师徒制、合作情况等。

述职报告的目的是要讲清楚管理者、经纪人上一阶段的具体工作情况，要让上级听得懂、听得明白，最直接的方法就是用数据说话。因此，在组织建设这一略显空泛的课题中，上文列举的六大模块都重点强调了一些数字指标，比如招聘人数、培训时长、单边比等。这些数字指标可以清晰直观地反映出述职人的优势与不足,帮助他们建立一个客观全面的自我画像。

目标管理

述职工作的重点是总结,无论是做得好的,还是有所欠缺的,都要进行总结。深刻地总结失败,才能更深刻地认识到自身的不足,才能更好地弥补不足、完成成长。成功的方法也同样值得总结,成功的原因是什么,方法论又是什么,是否能够以此为其他团队或门店赋能,这些问题都值得思考。这个总结、分享的过程,也能使经纪人获得成就感,更有动力和激情去做接下来的工作。

另外,述职也是一项继往开来的工作。无论是失败的经验,还是成功的方法论,抑或是上一阶段团队内存在的不足,都是管理者制定下一阶段目标的有力支撑。从这个角度来理解,目标其实就是为解决上一阶段工作中遇到的问题而提出的解决方案。

目标的具体内容需要依据实际情况而定,但除了具体内容,管理者还要对目标本身加以框定,使目标具有实际操作的意义和价值。最主要的框定标准有以下五个。

述职工作的重点是总结,无论是做得好的,还是有所欠缺的,都要进行总结。

1. 明确性

管理者一定要清楚明白地指出目标是什么，让员工有具体的方向，否则所有人就会如同无头苍蝇一般，毫无效率和市场竞争力可言。

2. 可衡量性

可衡量性，也就是指有可量化的指标。如果明确的目标是远处的雪山，那么量化的指标就是指引人们走向雪山的路标。把整体与每一阶段的目标都量化，让员工自己可以直观地衡量自己做了多少、有多大的差距，有利于他们安排和规划接下来的工作。

3. 可接受

管理者与经纪人因为所处的位置不同，对团队发展的思考、认知不同，对目标的远近感知也大不相同。这种对目标感知远近的差距主要分为两个层面：一是能力范围的远近，二是时间的远近。而所谓的可接受，就是在两者之间寻找一个平衡点，使双方都能接受。其中，能力范围的远近是指管理者在制定目标时应当要保证这个目标在经纪人的能力之上，需要他们踮一踮脚或是蹦一蹦才能够得到，这样才有推动员工成长的作用。时间的远近即目标的时效性，是一个月、一个季度，还是半年、一年，以长、中、短期划分目标的时效性。

4. 实际性

实际性既是指目标的实际可操作性，又指它与实际情况相符程度。以人员招聘为例，房地产经纪行业的招聘旺季是在3月，也就是行业里所说的"金三银四"。如果3、4月不加大招聘的力度，而是到年底才冲刺招聘，必然事倍功半。这就是缺乏实际性。

5. 可改进性

目标不能定得太死板，应当预留一定的灵活变通的空间，毕竟目标只是根据经验和设想制定的，后续工作中的实际结果很可能与目标有所偏差。这要求管理者在制定目标时，应当一层层地往下拆解，给具体目标留有上下浮动的空间。

目标不能定得太死板，应当预留一定的灵活变通的空间。

如何做好运营述职

述职管理五要素和四价值基本涉及了房地产经纪行业中所有值得关注的重点指标和数据，但正因为其全面，管理者的考察工作非常烦琐。一个人的精力是有限的，很难应对如此庞大的数据量。因此，除了根据公司需求以及行业的市场现状确定主抓的关键指标，管理者还应当从运营述职的角度更全面、更深刻地理解述职，认识述职。

述职是公司全体员工都需要做的一项任务，从总监、店东到商圈经理，到门店经理，再到经纪人，每个人都需要总结上一阶段的工作，并对接下来的工作进行展望。每个级别的重点工作、述职结果以及下一阶段的目标都存在着一定的差别。同时，述职又分为经营述职、效率述职、资源述职，侧重点也各不相同。在这样的背景下，管理者要想清楚一个问题：是否所有的述职都需要管理者亲力亲为，掌握每一处细节？肯定不是，经纪人的日常工作需要依靠团队的力量，管理者同样属于组织的一分子，也可以灵活运用组织的力量。

链家对述职做了详细的划分，不同级别的述职有着不同的侧重点。经营述职主要由总监、店东及以上级别的管理者去做；商圈经理和门店经理重点做效率述职；资源述职一般是由经纪人来完成。当公司搭建起一个从上到下的述职体系之后就会发现，每个人的主攻方向不同，整个团队就可以完成所有述职相关的工作，并不需要高级管理者紧盯具体的指标。而且，对述职工作进行层层分解，不仅能使员工抓住工作重点，更好地述职，同时也可以在业务层面进行从策略到执行的逆向复盘，有利于调整业务策略、改变业务动作。

接下来是对各层级述职之间的关系以及具体述职方式的详细讲解。

述职联动关系

根据各职级不同的工作重点,链家将述职划分为经营述职、效率述职、资源述职,每种述职都是独立进行的。需要注意的是,三者是独立的但并不孤立,各个层级的员工身处同一个团队中,虽然工作的侧重点有所不同,但内在存在着千丝万缕的关系。我们要充分认识到,经营述职、效率述职和资源述职三者形成了一个完整的闭环,缺一不可。

1. 经营述职

经营述职是综合考量效率述职和财务结果后,制定门店业务策略,决定资源述职的资源管理动作。具体来说,经营述职就是通过掌握的数据对整个经营过程进行分析,讲清楚当下这个阶段的重点工作和关键举措。同时,负责经营述职的管理者也要向上级说明当前团队的建设情况,包括取得的成绩和存在的不足,以及团队下一阶段发展所需的支持等。

2. 效率述职

效率述职最主要的工作是判定门店业务策

> 经营述职、效率述职和资源述职三者形成了一个完整的闭环,缺一不可。

略是否正确,以及资源述职的结果是否符合门店业务管理的预期,是对经纪人资源述职数据的总结、归类、思考和反思。因为资源述职涉及的资源数据主要分为房源与客源两类,所以管理者要做的就是从这两个方向出发,发掘数据背后可能存在的问题。

(1)房源述职

管理者要对各个等级房源的信息、丢盘数据、新增房源以及整体情况进行整理汇总。比如丢盘数据,市场中有很多经纪人在丢盘之后为了避免被批评或遭受其他的惩罚,在系统内提交丢盘数据时,会将原因登记为业主售房意愿的问题,比如业主表示不卖了等。对于类似的丢盘场景,管理者必须重点关注,对提交虚假信息的经纪人要严肃处理。还有一些情况,比如团队内的同事一致认为某套房子是C级房源,但被其他公司的经纪人卖掉了。对这种情况,管理者也要进行复盘。对房源等级判断错误,说明团队对房源了解得不够透彻,这很有可能是因为没有做好业主的面访和回访工作,只是根据以往的经验做出了失之偏颇的主观判断。对这样的失误,管理者一定要强调、督促经纪人多做且做好面访和回访。

此外还有责任盘的汇总，在售房源数、30日内的带看占比、近7日每套平均带看量、7日内的成交量等都是管理者需要重点关注并进行对比的指标。

为了更好地掌控手里的楼盘，很多房地产经纪公司推出了"组对盘"的管理模式，让经纪人紧盯某一个或某几个楼盘，这有利于经纪人发掘更多的有效信息，加深对楼盘环境的理解，同时也能有更多的时间和精力建立并培养与业主的关系。

要做好"组对盘"，经纪人需要重点关注以下六大要素。一是业主资料的发掘与建立，业主资料是经纪人了解业主和房源的前提之一。二是定期洗盘。三是内网整理，也就是房源述职。四是关注同行，要了解同行有的楼盘我们有没有，如果我们也有且30日内我们没有带看的话，看同行是不是有带看。五是成为社区专家，要清楚团队是否对这个社区有足够的了解与认知。六是关注外网。

从效率述职的角度来说，这六大要素既是对团队的要求，也为管理者提供了另一个考量房源数据的角度。

（2）客源述职

客源可以分为两种：一是新增客源，二是

成交客源。其中，新增客源的主要考察指标有3日新增客源带看占比、30日新增客源带看占比，两者都是绝大多数房地产经纪公司管理者重点关注的指标，相关的管理已经十分成熟，经验也很丰富，因此在此不再赘述。

如果对房地产经纪市场做过深入的研究，你一定会发现一个现象，与其他城市相比，北京的政策调整更加频繁。在"一城一策"的政策推出之后，链家的一位管理者认为，未来其他城市相关政策的调整也会更加频繁，由此带来的市场变化也会更加频繁。

在这种变化之中，管理者需要重点关注的是新政策后新增的客源，可以适当地加大这些客源的权重，减少老客户的权重。原因在于老客户的购房意愿是在政策之前，接受和理解新政策需要一定的时间。新客户则不同，他们在市场变化之后主动找到房地产经纪公司，就说明新政策没有影响他们的购房想法，双方的沟通成本会大大降低。

根据贝壳找房的数据，一家公司的客户重复率高达65%，这意味着客户会在同一家房地产经纪公司的不同门店进行登记。人们买东西的时候习惯货比三家，买房更是如此，很多客户不仅会找同一家公司的多家门店咨询，甚至还会找不同的房地产经纪公司，而他们最终会在哪一家公司的哪一个门店成交，则是一个未知数。德佑的一位门店经理在做述职时总结过一个数据，他们门店一个月的业绩在50万元左右，而系统内客户流失到其他公司所产生的业绩高达144万元，是门店业绩的将近3倍。通过这两个数据，我们可以看出为什么所有的管理者都在抓带看，因为带看是非常重要的前提，只有带看才能有效转化新增客户，最终达成成交。

3. 资源述职

资源述职是将业务策略落地到最根本的业务动作，是所有述职中的最小单元。如果从上到下总览整个公司的述职体系，从总经理、总监、店长到商圈经理、门店经理，所有领导层述职中强调的数据和指标最终都要由经纪人来获取。无论是提升带看量，还是提升二手房的市场占有率，这些动作的最终执行人都是经纪人。当然，管理者也有自己要重点处理的工作，比如北京链家就有规定，如果出现客户投诉，不管总监在哪里，必须第一时间赶到现场处理。

资源述职是效率述职的数据来源，所以资源述职也分房源和客源两个角度。不同的是，效率述职侧重于宏观层面的整合与考察，而资源述职更关注每一套房源、每一个客户的具体情况。

总的来说，资源述职中关于房源的述职可以分为四个方面：盘点、统计、考核和管理。

第一是盘点，盘点的主要目的是详细掌握手里房源的实际情况，比如新增房源、库存房源以及无效房源。根据观察，有很多团队会忽视对无效房源的盘点，认为没有什么意义。这种认知是错误的，因为当下无效不代表以后也无效，所以对它们的盘点也是极为必要的。

第二是统计，只有通过全面细致的统计、对比才能发现具体问题。

第三是考核，要针对问题制订行动方案。如果带看量不够，管理者就要督促经纪人多带看。如果面访质量不佳，管理者就要多进行培训和指导。

第四是管理，或者说是检查。一些自控能力不强又缺乏上进心的员工往往是管理者关注什么他们就做什么，其他的事情都不上心，所以管理者要加大检查力度，并针对他们存在的问题做复盘。

> 对于一家房地产经纪公司来说，每套房源都是十分宝贵的资源，公司的规模和实力都是依靠一套套房源积累而来的。

对于一家房地产经纪公司来说，每套房源都是十分宝贵的资源，公司的规模和实力都是依靠一套套房源积累而来的。如果经纪人放松了对房源的重视，必将导致一系列严重的后果，那么流失业绩与门店业绩之间的比值可能就不止3∶1了。而且，一旦业主形成公司不重视房源的认知，再想弥补就难于登天了。所以，房源状态及数据是房源维护人要掌握的最基本的信息，而房源述职则是管理者考核经纪人最好的管理抓手。

资源述职中的客源端，最值得强调的依旧是带看，资源是生命，带看则是希望，没有带看就失去了成交的基础。在这一过程中，管理者除了要教导经纪人带看法则之外，还应重点关注经纪人的一带多看占比、复看占比等指标，通过这些数据，管理者可以轻松洞察一名经纪人的带看质量。

由此可见，三种述职相互依存、相互促进，经营述职犹如一列火车的车头，它决定了接下来的管理动作并聚焦到经纪人身上。拿到经纪人的资源述职报告之后，商圈经理、门店经理便能够以此判断此前制定的业务动作是否正确，具体业绩和业务效率是否得到了提升，并把数据反馈给总监、店东。最终总监和店东根据新一阶段的数据再制定接下来的业务策略和目标，由此形成一个完美的闭环。

述职注意事项

从公司的层面来看,述职就是一次摸底考试。对经纪人的考察侧重于行业基础,即房源以及客户;对中层管理者的考察侧重于管理,通过总结思考经纪人上报的数据,发现问题、解决问题,推动团队的成长;而对高层管理者,更多的则是对其市场宏观角度经营能力的考验。每个人都有自己要面对的"考题",如果都考出了出色的成绩,公司便能快速发展。

根据市场经验而言,一次成熟完善的"考试",也就是述职,应当注意以下几点。

1. 高度数据化

高度数据化可以从五个方面来理解。

第一,统一的模板。之所以要用统一的模板,一方面是让所有经纪人统一思路,能够更好地填充内容,提升述职效率;另一方面也便于观看对比,让管理者能够更加清晰、直接地找到差距与问题所在。

第二,用数据说话。数据可以更准确、直观地说明问题,本书中提到的所有重点指标最终都需要以数据的形式展现,原因就在于此。

第三,规定述职时间。管理者应当给每一

次述职规定确切的时间，到点即停。将时间的长短与内容的多少紧密关联，可以锻炼员工对时间的把控能力，以及对内容安排、叙述的逻辑能力。

第四，两块屏幕述职。为什么一个员工述职要有两块屏幕？主要是为了在经纪人述职的同时，数据检测部门同步利用系统资源数据进行核对。这并不是不信任经纪人，而是因为数据对房地产经纪公司来说实在是太重要了，管理者有责任、有义务也有必要找到经纪人可能存在的失误并进行纠正，确保数据的准确性。

第五，带上面谈表，列举下一阶段的工作目标。

2. 严肃认真的态度

德佑的一位管理者习惯将述职形容为"验尸报告"，他认为，述职本来就是对既定结果的讲解与论述，我们一再强调数据的重要性，其实也是一种对过往成绩的总结和佐证。从这个角度来说，数据实际也没有那么重要，更有意义的是管理者可以从一次述职中了解到一名员工的工作能力与态度。积极向上、严肃认真的态度不仅能使经纪人做好一份述职PPT，还能使经纪人在日常工作中以饱满的精神和负责的心态去对待业主、客户以及上级交代的任务。

3. 系统性的辅导

每个层级，从经纪人到管理者，都会在工作上遇到困惑，有自己不敢笃定的事情。这些困惑可能来自市场实践中遇到的问题，也可能来自从同行身上观察到的某些优点。而述职为他们提供了一次答疑解惑的好机会。所以，在述职时，管理者一定要针对这些问题对员工进行系统性的辅导，不仅要把问题讲清楚，还要把原因、市场因素、对团队的影响和作用都讲清楚，确保员工有清晰的认知。系统性的辅导还能培养经纪人的系统性思维，使他们在处理一件事情时，能够想到对客户或业主、对公司、对自己有什么价值。当整个团队都具备了这种思维，经纪人对客户或业主的态度与行为一定能有显著的改善。

4. 不要为了述职而述职

述职是为了总结经验、助力成长，应该在固定的时间以固定的模式进行，不能为了述职而述职。做出了阶段性的成果后再进行述职，才是述职正确的逻辑。

需要强调的是，述职的根本目的是辅助管理。管理者往往都远离一线业务，长时间听不到"炮火声"，这导致他们对经营的理解难免会与行业市场的真正趋势有所偏差。而员工所做的资源述职、效率述职是根据最真实的一手信息对业务方向做出的反馈，管理者通过这种途径可以了解到真实的业务情况，及时调整业务逻辑。

通过述职，管理者不但要考量经纪人取得的成绩，更要从他们的言谈举止、思维逻辑中建立对员工的全面了解与认知。做好了这些，管理者才能对整个团队进行更精准的把控和管理，才能更好地推动团队的发展与进步。

后记

管理者的修炼

写到这里，本书内容即将完结，其中提到的很多方法都是链家的管理者经过反复实践总结出来的，读者可以根据自己团队的实际情况进行适当调整、应用和实践。

没有一个团队的成功是一蹴而就的，链家的团队也是如此。很多人看到的是链家当前的体量和成就，但是把这些成就拆解开来就会发现，它们是由每一位管理者、每一位经纪人兢兢业业地完成日常工作积累而来的。我们深刻地体会到，"不积跬步，无以至千里；不积小流，无以成江海"。

本书介绍的管理技巧与方法，无论是行程量管理、三方斡旋，还是打造金牌团队和述职管理，都是为了帮助管理者管理好团队日常工作中的每一个环节，助力团队做好细节、稳步成长。与此同时，团队的成长也会倒逼管理者不断修炼、提升自己。我们应该认识到，管理者内在的能力提升同样至关重要。内在的能力和外在的方法如同一辆车的发动机和车轮，唯有两者完美结合，才能在赛道上抢得先机。总结而言，需要管理者着重修炼的内在能力有以下几种。

大局观

对于管理者而言，大局观是极为重要且必

要的，它可以从两个角度来解读：一是纵观全局的视野，二是统筹全局的能力。

首先，管理者要有纵观全局的视野。管理一个团队，不能只计较一朝一夕的得失，而要着眼于长远的发展与成长。很多从零开始的团队，具备很强的可塑性和发展潜力，有大局观的管理者会从当前开始，把团队的成长周期拉长，以期在未来获得更大的收获，而目光短浅的管理者，则会为了眼前的利益拔苗助长，杀鸡取卵，断送掉团队的前景。两相对比，高下立判。

其次，管理者还要有统筹全局的能力。能看清是一回事，能指挥、带领团队走好每一步则是另外一回事。一个能统筹全局的管理者，在掌握了整个团队的信息后，会先从中梳理出逻辑，再分析问题，拿出对应的解决方案，并在正确的地方和时机施行。

"不谋万世者，不足谋一时；不谋全局者，不足谋一域"，有大局观的管理者才能高瞻远瞩，才能创造大事业。

传递正确的价值观

价值观是一个宏大且笼统的课题，在此处提及，是想告诫大家，作为一名管理者，一定要向团队成员传递正确的、积极的价值观。这样做的好处在于，能在经纪人心中树立一种正面的形象，并获得他们的尊重。从实际工作来看，管理者在团队成员心中的形象是很重要的，有时候甚至会起到决定性的作用。此外，管理者亲身实践正确的价值观，也能在无形之中向经纪人传达一个信号：这是为人处世和工作行为的底线。当整个团队都遵守这一底线，便会大大降低管理的难度，促进团队的协作与配合。

在公司的管理体系和理念中，管理者就是一个中间节点，将公司的意志传递给经纪人，将经纪人的工作成绩展现给公司。所以，除了自身要有正确的价值观，管理者还要从另一个角度去理解"价值观"，即在工作中体现公司和经纪人的价值，为公司和经纪人谋利益。

团队赋能

管理者和团队的成长应该是相辅相成的，只是团队因为人员众多且复杂，在成长的过程中难免会遭遇各种阻碍，比如团队中部分人只注重眼前利益，看不清长远目标；成员之间产生摩擦与隔阂等。如果管理者放任自流，团队必然会进入一种散漫的、毫无方向的状态，无法形成战斗力，也无法实现成长。从这个角度来说，团队的成长有一定的被动性，而这也是管理者主动赋能团队的意义所在。

如果管理者能够通过种种内在或外在的方式为团队赋能、为经纪人赋能，就能扫清上述各种障碍，同时使目标和指令更加流畅地传递给团队中的每一个人，进而更好地落地，使经纪人更加高效地执行。"心往一处想，劲往一处使"，一个具有清晰的共同目标和强大向心力的团队才能取得长足的进步，形成真正的市场竞争力。

本书是链家人的经验之谈，是链家人对市场、行业、从业者的观察和总结。房地产经纪行业是一个时刻都在变化的行业，场景在变、人在变、环境在变，但我们相信，总有一些东西是不会变的，即整个行业对成长的追求。我们希望这些经验之谈能帮助大家更好地认识自己、认识团队，实现共同成长。我们同样希望，本书能成为另一种意义上的"丹柯"，用一颗真心照亮大家脚下的道路。

彼得·德鲁克全集

序号	书名	序号	书名
1	工业人的未来 The Future of Industrial Man	21 ☆	迈向经济新纪元 Toward the Next Economics and Other Essays
2	公司的概念 Concept of the Corporation	22 ☆	时代变局中的管理者 The Changing World of the Executive
3	新社会 The New Society：The Anatomy of Industrial Order	23	最后的完美世界 The Last of All Possible Worlds
4	管理的实践 The Practice of Management	24	行善的诱惑 The Temptation to Do Good
5	已经发生的未来 Landmarks of Tomorrow：A Report on the New "Post-Modern" World	25	创新与企业家精神 Innovation and Entrepreneurship
6	为成果而管理 Managing for Results	26	管理前沿 The Frontiers of Management
7	卓有成效的管理者 The Effective Executive	27	管理新现实 The New Realities
8 ☆	不连续的时代 The Age of Discontinuity	28	非营利组织的管理 Managing the Non-Profit Organization
9 ☆	面向未来的管理者 Preparing Tomorrow's Business Leaders Today	29	管理未来 Managing for the Future
10 ☆	技术与管理 Technology，Management and Society	30 ☆	生态愿景 The Ecological Vision
11 ☆	人与商业 Men，Ideas，and Politics	31 ☆	知识社会 Post-Capitalist Society
12	管理：使命、责任、实践（实践篇）	32	巨变时代的管理 Managing in a Time of Great Change
13	管理：使命、责任、实践（使命篇）	33	德鲁克看中国与日本：德鲁克对话"日本商业圣手"中内功 Drucker on Asia
14	管理：使命、责任、实践（责任篇）Management: Tasks,Responsibilities,Practices	34	德鲁克论管理 Peter Drucker on the Profession of Management
15	养老金革命 The Pension Fund Revolution"	35	21世纪的管理挑战 Management Challenges for the 21st Century
16	人与绩效：德鲁克论管理精华 People and Performance	36	德鲁克管理思想精要 The Essential Drucker
17 ☆	认识管理 An Introductory View of Management	37	下一个社会的管理 Managing in the Next Society
18	德鲁克经典管理案例解析（纪念版）Management Cases(Revised Edition)	38	功能社会：德鲁克自选集 A Functioning society
19	旁观者：管理大师德鲁克回忆录 Adventures of a Bystander	39 ☆	德鲁克演讲实录 The Drucker Lectures
20	动荡时代的管理 Managing in Turbulent Times	40	管理(原书修订版) Management(Revised Edition)
注：序号有标记的书是新增引进翻译出版的作品		41	卓有成效管理者的实践（纪念版）The Effective Executive in Action

推荐阅读

清华大学经济管理学院领导力研究中心主任
杨斌教授 担当主编 鼎力推荐

面临不确定、社会巨变、日益复杂且需要紧密协作的挑战,管理沟通解决方案
沙因组织与文化领导力系列

谦逊的魅力
沙因60年咨询心得

埃德加·沙因(Edgar H.Schein)

世界百位影响力管理大师 斯坦福社会心理学硕士 哈佛社会心理学博士
企业文化与组织心理学领域开创者和奠基人

恰到好处的帮助
人际关系的底层逻辑和心理因素,打造助人与求助的能力,获得受益一生的人际关系

谦逊领导力
从关系的角度看待领导力,助你卸下独自一人承担一切的巨大压力

谦逊的问讯
以提问取代教导,学会"问好问题",引导上下级的有益沟通,帮助组织良性运作,顺利达成目标

谦逊的咨询
回顾50年咨询案例,真实反映沙因如何从一个初出茅庐的实习生成长为成功的咨询大师,感受谦逊的魅力,为组织快速提供真正的帮助